Mohammed-Amine Koulali

Réseaux de capteurs sans fil: QoS et analyse des performances

Mohammed-Amine Koulali

Réseaux de capteurs sans fil: QoS et analyse des performances

Routage avec QoS et gestion de l'énergie dans les
réseaux de capteurs sans fil

Éditions universitaires européennes

Impressum / Mentions légales

Bibliografische Information der Deutschen Nationalbibliothek: Die Deutsche Nationalbibliothek verzeichnet diese Publikation in der Deutschen Nationalbibliografie; detaillierte bibliografische Daten sind im Internet über http://dnb.d-nb.de abrufbar.
Alle in diesem Buch genannten Marken und Produktnamen unterliegen warenzeichen-, marken- oder patentrechtlichem Schutz bzw. sind Warenzeichen oder eingetragene Warenzeichen der jeweiligen Inhaber. Die Wiedergabe von Marken, Produktnamen, Gebrauchsnamen, Handelsnamen, Warenbezeichnungen u.s.w. in diesem Werk berechtigt auch ohne besondere Kennzeichnung nicht zu der Annahme, dass solche Namen im Sinne der Warenzeichen- und Markenschutzgesetzgebung als frei zu betrachten wären und daher von jedermann benutzt werden dürften.

Information bibliographique publiée par la Deutsche Nationalbibliothek: La Deutsche Nationalbibliothek inscrit cette publication à la Deutsche Nationalbibliografie; des données bibliographiques détaillées sont disponibles sur internet à l'adresse http://dnb.d-nb.de.
Toutes marques et noms de produits mentionnés dans ce livre demeurent sous la protection des marques, des marques déposées et des brevets, et sont des marques ou des marques déposées de leurs détenteurs respectifs. L'utilisation des marques, noms de produits, noms communs, noms commerciaux, descriptions de produits, etc, même sans qu'ils soient mentionnés de façon particulière dans ce livre ne signifie en aucune façon que ces noms peuvent être utilisés sans restriction à l'égard de la législation pour la protection des marques et des marques déposées et pourraient donc être utilisés par quiconque.

Coverbild / Photo de couverture: www.ingimage.com

Verlag / Editeur:
Éditions universitaires européennes
ist ein Imprint der / est une marque déposée de
AV Akademikerverlag GmbH & Co. KG
Heinrich-Böcking-Str. 6-8, 66121 Saarbrücken, Deutschland / Allemagne
Email: info@editions-ue.com

Herstellung: siehe letzte Seite /
Impression: voir la dernière page
ISBN: 978-3-8381-8166-0

Zugl. / Agréé par: Rabat, Université Mohammed V-Souissi, 2012

Réseaux de capteurs sans fil : QoS et analyse des performances

Dr. Mohammed-Amine KOULALI

16 août 2012

A mon père, ma mère et mes sœurs : Rim, Sara et Hajar.

A toute ma famille.

En la mémoire de mes grands parents.

Remerciements

Je tiens tout d'abord à exprimer ma profonde gratitude et mes remerciements à mon directeur de thèse M. Mohammed El KOUTBI, et à M. Abdellatif KOBBANE, mon co-directeur de thèse ; Professeurs à l'École Nationale Supérieure d'Informatique et d'Analyse des Systèmes.

Je remercie ceux qui me sont le plus chers au monde, ma mère, mon père, mes sœurs : Rim, Sara, Hajar et les membres de ma famille pour m'avoir soutenu dans les moments les plus difficiles et pour leurs encouragements et soutien infaillibles.

Mohammed-Amine KOULALI, Oujda le 25/07/2012.

Table des matières

4

Préface

Les avancées technologiques dans les domaines de la micro-électronique, des communications sans fil, ainsi que les efforts de miniaturisation et de réduction des coûts de production des composants électroniques ont permis le développement de nouvelles générations de réseaux articulés autour de capteurs miniatures. Perçus comme une évolution des réseaux Ad-Hoc, les réseaux de capteurs sans fil (RCSF) se n'ont pas recours aux infrastructures réseaux et doivent s'auto-suffire pour l'acheminement des données dans un mode multi-sauts tout en faisant face aux contraintes qui leur sont spécifiques. Les réseaux de capteurs trouvent leurs applications dans les domaines militaire, médical, gestion des transports, surveillance et protection de l'environnement,...

L'apparition de nouveaux champs d'application pour les réseaux de capteurs sans fil, en particulier pour les missions temps réel et multimédia, a fait évoluer l'angle d'approche. En effet, il n'est plus question de traiter uniquement l'aspect de conservation des ressources énergétiques ; l'aspect qualité de service est devenu un facteur primordial.

Bien qu'à première vue, il semble qu'incorporer des mécanismes de qualité de service dans les réseaux de capteurs sans fil soit une démarche vouée à l'échec en raison des contraintes inhérentes aux RCSF en termes de faiblesse des ressources énergétiques, de limitation des capacités de traitement, de stockage et de communication. Il est cependant utile de soulever une particularité majeure des RCSF par rapport aux réseaux AdHoc, ces derniers sont des réseaux orientés applications. Ainsi, on ne peut envisager un déploiement standard qui surviendrait aux besoins et exigences dans tout contexte d'application. Dans certains scénarios de déploiement, l'inclusion de la notion de qualité de service dans les réseaux de capteurs sans fil est un impératif pour pouvoir envisager des applications critiques et temps réel. Par exemple, les applications multimédia, telles que la détection d'intrusion et le suivi de cibles mobiles engendrent un flux multimédia (images et son) sujet à de fortes contraintes de délai, de bande passante et de qualité des données transférées.

Les protocoles de routage sont responsables de l'acheminement de l'information au destinataire final et jouissent ainsi d'une importance primordiale dans tout déploiement fiable de RCSF. Les spécificités associées aux réseaux de capteurs rendent inefficaces les techniques de routage pour réseaux filaires (Internet entre autres) basées sur le calcul du plus court chemin. Aussi, les protocoles développés pour les autres classes de réseaux sans fil, Ad-Hoc notamment, ne peuvent être projetés sans étude préalable de leur consommation énergétique et de la charge de communication associée. Dès lors, le développement de nouveaux protocoles de routage spécifiques aux réseaux de capteurs sans fil est devenu une nécessité en vue d'accélérer leur développement et déploiement à une échelle industrielle. Dans cette optique, il semble judicieux de combiner les paradigmes de routage géographique et de routage avec support de la qualité de service. Cela permettra à la fois, d'exploiter les spécificités de l'environnement de déploiement (position des capteurs) pour guider la transmission des données et minimiser par conséquent le délai de transmission et d'avoir une idée sur les déplacements des capteurs et leur mobilité ainsi que de fournir des garanties aux flux de données transportés

8

en termes de : bande passante, gigue, fiabilité.

La nature a servi de source d'inspiration pour divers protocoles de routage pour RCSF. Les aspects de communication à travers l'environnement (stigmergie), de coopération d'entités simples à la résolution de problèmes complexes et de survie du plus apte sont autant de concepts qui peuvent être exploités pour répondre aux contraintes inhérentes aux réseaux de capteurs sans fil et développer des solutions décentralisées, robustes, et tolérantes aux fautes pour résoudre le problème de routage dans ces derniers.

Parmi les contraintes les plus sévères associées aux RCSF on peut citer leurs réserves limitées d'énergie. De ce fait, la conservation de l'énergie revêt une importance capitale et par conséquent, il est nécessaire d'en tenir compte pour concevoir des protocoles efficaces. L'optimisation de la consommation d'énergie passe par un choix optimal des puissances de transmission des capteurs, une répartition de charge équitable sur l'ensemble du réseau et une optimisation des communications en vue d'en réduire le nombre. Sur le plan topologique, l'introduction de la hiérarchie dans les RCSF permettra de résoudre ces aspects. En effet, un regroupement des capteurs en cluster permet de réduire la redondance des paquets et facilite la fusion et l'agrégation de l'information à l'intérieur des clusters et par conséquent rationalise la consommation d'énergie. En vue de faire face aux contraintes énergétiques, les capteurs planifient des cycles d'activités en alternance avec des périodes de veille pendant lesquelles ils s'abstiennent de communiquer et/ou de détecter des événements. Ce comportement, bien qu'efficace en terme de réduction de la consommation d'énergie, pose de nouveaux challenges pour les protocoles de routage. En effet, il est nécessaire d'appréhender le comportement des capteurs voisins et d'ajuster ses actions (puissance de transmission, choix du relais de transmission, ...). Cela est d'autant plus difficile que ce comportement contient le plus souvent une composante probabiliste imposée par la nature imprévisible et apériodique des phénomènes supervisés. Nous traitons le contrôle de puissance pour RCSF hiérarchiques multimédia ainsi que l'impact de l'introduction de cycles d'activité et de veille sur les performances des protocoles de routage géographique.

Diverses propositions furent développées pour permettre aux RCSF d'exploiter les sources d'énergies renouvelables issues de leur environnement de déploiement en vue de recharger leurs batteries. Cette possibilité permettra d'étendre la durée de vie des RCSF et de contrer les difficultés voir l'impossibilité d'intervention post-déploiement pour remplacer les batteries épuisées. Ces propositions couvrent entre autres, les énergies solaire, éolienne et vibratoire. Nous nous intéressons à l'impact de l'utilisation de capteurs alimentés par énergie solaire sur le comportement de ces derniers en terme de politique de transmission.

Ce Livre est organisé en cinque chapitres :

Le Chapitre 1 présente les réseaux de capteurs sans fil, leur contexte d'application ainsi que les spécificités et particularités qui leur sont associées. Ce chapitre comprend une description des protocoles de routage avec qualité de service existants ainsi qu'une étude comparative de ces derniers sur la base de critères tels que : la sensibilité à l'énergie, le support de la mobilité des capteurs, l'exploitation des informations de localisation,...

Le Chapitre 2 décrit notre contribution au routage dans les réseaux de capteurs sans fil. Nous y proposons un protocole de routage avec QoS que l'on appelle QGRP. Ce protocole réactif fait usage des informations de localisation géographique des capteurs pour créer des chemins de routage respectant des contraintes de qualité en termes de bande passante résiduelle et d'énergie. Les performances de QGRP sont établies par voie de simulation.

Le Chapitre 3 introduit la théorie des algorithmes génétiques dont nous nous sommes inspirés pour développer le protocole de routage hybride QDGRP. Nous adaptons l'algorithme Distributed Genetic Agent (DGA) aux particularités des réseaux de capteurs sans fil et nous l'associons avec une composante proactive en vue de développer notre protocole. QDGRP permet de répondre aux exigences de qualité sur le délai de transmission des paquets de données et l'énergie résiduelle des capteurs. Des simulations sont réalisées pour évaluer les performances du protocole proposé.

Le Chapitre 4 traite du contrôle des puissances de transmission dans les RCSF hiérarchiques multimédia. Nous y élaborons des politiques optimales de transmission qui équilibre la durée de vie du réseau et le débit achevé. Nous y traitons aussi bien les réseaux avec des capteurs à batteries non rechargeables que les réseaux dont les capteurs sont équipés de cellules photovoltaïques. La théorie des processus de décision Markoviens est employée pour modéliser le contrôle centralisé de puissance.

Dans le Chapitre 5 nous proposons une politique optimale de sélection de relais pour la transmission de messages d'alarme dans les réseaux de capteurs sans fil avec protocoles de routage géographique. Le modèle développé prend en considération des capteurs alternant des cycles d'activités et de veille pour réduire leur consommation d'énergie conformément à une chaîne de Markov à deux états. En particulier, nous fournissons les conditions nécessaires à l'optimalité des politiques à seuil.

Dans l'annexe A nous présentons les outils mathématiques utilisés pour modéliser et optimiser la gestion des ressources des réseaux de capteurs sans fil. Nous y traitons particulièrement les problèmes de décision stochastiques, d'optimisation linéaire et non linéaire. Nous y rappelons le formalisme mathématique ainsi que les théorèmes et résultats qui sont utilisés dans ce livre.

Réseaux de capteurs sans fil, Etat de l'art

1 Introduction

Dans ce chapitre nous allons présenter les réseaux de capteurs sans fils en spécifiant leurs domaines d'applications ainsi que les particularités qui leur sont associées. Aussi, nous décrivons un certain nombre de protocoles de routage QoS existants qui seront comparés sur la base de critères importants dans le contexte des RCSF. Ce chapitre commence par présenter les réseaux de capteurs sans fil dans la section 2. Le routage avec qualité de service est traité dans la section 3. Enfin, nous présentons l'état de l'art des protocoles de routage QoS pour RCSF dans la section 4 pour ensuite conclure le chapitre dans la section 5.

2 Présentation des réseaux de capteurs sans fil

Les réseaux de capteurs sans fil sont des réseaux non filaires composés d'unités de détection de phénomènes physiques (température, humidité, radioactivité . . .) déployés dans une zone géographique d'intérêt. L'objectif des RCSF est de superviser leurs environnements de déploiement afin de détecter des phénomènes physiques (feux de forêt, intrusion, fuites radioactives...). Le réseau comprend également une ou plusieurs stations de base permettant son administration et le recueil des informations qu'il génère. La station de base peut faire office de relais d'interconnexion avec un autre réseau (Internet entre autres). Le développement des systèmes micro-électromécaniques (MEMS) et la disponibilité de matériel de communication et de calcul à faible coût sont autant de facteurs qui ont permis de concrétiser le passage de paradigmes vers des produits commercialisés et des testbeds actifs.

Historiquement, le premier déploiement de capteurs à grande échelle fût réalisé par l'armée de l'air américaine au cours de la guerre du Vietnam(de 1964 à 1975). Ainsi, 20.000 capteurs sismiques et acoustiques du projet "Igloo White" [93, 16] furent parachutés pour détecter et bombarder les troupes vietnamiennes empruntant le chemin "Ho Chi Minh" au Laos voisin pour infiltrer le sud-Vietnam sous contrôle américain.

Divers sont les domaines d'application des réseaux de capteurs sans fil. Dans le domaine militaire [16] : Les réseaux de capteurs sont d'un grand apport pour la chaîne de commandement et de contrôle. En effet, ils permettent d'assurer entre autres des tâches de collecte d'informations et de reconnaissance du terrain ennemi (cartographie des positions ennemies, supervision des mouvements de troupes ...) ainsi que le guidage des attaques et bombardements aériens et l'évaluation de leur efficacité.

Dans le domaine de l'environnement [89, 64, 32] : les réseaux de capteurs sont déployés pour assurer :

– La surveillance de la faune et de la flore : La surveillance de l'évolution des espèces dans des écosystèmes fragiles (barrières de corail) ou dangereux (reproduction des fauves) pourra être réalisée sans intervention humaine et avec un faible risque de dégradation de l'environnement.

– La protection de l'environnement : La détection précoce des fuites toxiques
et le suivi en temps réel du déplacement des marées noires sont des applications à fort potentiel pour les RCSF. Les informations rapportées par les
capteurs permettront d'estimer l'étendue des dégâts et la mise en place des
mesures de confinement efficaces.

Pour ce qui est du domaine médical [67, 59, 6] : les réseaux de capteurs élargissent
la liberté de mouvement des patients faisant l'objet d'une surveillance médicale
continue et leur permettent de ne plus rester confinés à leurs domiciles ou dans des
services de soins dédiés. En effet, les données vitales des patients sont transmises en
permanence aux médecins traitants et une alerte sera déclenchée en cas de malaise
brusque (attaque cardiaque . . .). Les informations de localisation du patient seront
communiquées pour permettre son secours.

Dans le domaine des transports [55, 81] : Les réseaux de capteurs permettent
d'avoir une vue globale et instantanée de l'état du trafic routier et de réaliser des
opérations de redirection de trafic notamment en amont des embouteillages et des
lieux d'accidents.

Enfin dans l'agriculture : Les réseaux de capteurs sans fils sont employés dans le
domaine agricole pour rationaliser la consommation d'eau utilisée pour l'irrigation
des cultures et surveiller la température et la saturation en gaz des cultures sous
serre.

Certains contextes de déploiement, notamment les réseaux de surveillance et de détection d'intrusion, la surveillance et protection de l'environnement ou bien la gestion du trafic routier nécessitent l'accès aux images, vidéos et séquences audio relatives aux événements supervisés en complément aux données scalaires comme la température ou la vitesse de déplacement d'une cible, ... La disponibilité à faibles coûts de matériel multimédia : caméras CMOS et microphones, couplée au progrès réalisé dans le traitement distribué des signaux a entraîné l'apparition des réseaux de capteurs sans fil multimédia [2, 54, 4] qui sont une variante émergente des RCSF pour la production et le transport de contenus multimédia. Les RCSF multimédia apportent leurs lots de spécificité et d'exigences notamment en termes de contraintes sévères sur la bande passante et la consommation d'énergie.

2.1 Architecture des RCSF

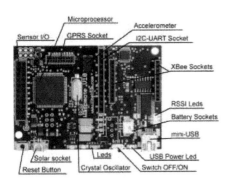

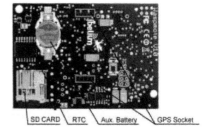

FIGURE 1 – Waspmote : Architecture matérielle (vue face)

FIGURE 2 – Waspmote : Architecture matérielle (vue bas)

Divers prototypes et produits commercialisés [38][104,105] ont été développés afin d'accélérer les travaux de recherches sur les RCSF et permettre leur intégration dans des scénarios d'application opérationnels. Bien que les différentes implémentations de capteurs divergent en terme d'architecture physique, elles ont en commun plusieurs modules.

Pour l'alimenttaion des capteurs, il s'agit typiquement de piles de lithium. Les capteurs étant le plus souvent déployés dans des zones difficiles d'accès, la durée de vie du capteur se voit ainsi réduite à celle de ses batteries. Bien que, la littérature des RCSF contienne divers prototypes de capteurs à énergies renouvelables [77, 72, 38] (voir FIGURE 3), on retrouve peu de produits commerciaux.

FIGURE 3 – Capteur Heliote à énergie renouvelable (solaire).

Les efforts de miniaturisation ont permis le développement de processeurs adaptés aux contraintes de taille et de coût associées aux capteurs sans fil. Il est toutefois nécessaire de signaler que la puissance de calcul associée reste limitée (par exemple : seulement 8 Mhz de fréquence et 128 Koctets de mémoire programmable pour un capteur waspmote à base de micro-contrôleur ATmega1281.)

Le module Emetteur/receveur(transceiver) permet aux capteurs de communiquer. Deux familles de transceivers sont disponibles :

  – Les transceivers optiques qui convertissent les signaux électriques en des signaux optique souffrent d'un handicap majeur résultant de la nécessité de disposer d'une ligne de visibilité entre les capteurs. La communication entre capteurs peut être largement affectée en raison des problèmes liés à l'élévation du terrain et à la présence d'obstacles physiques au sein de l'environnement de déploiement.

- Les transceivers Radio-Fréquence fonctionnant sur la base d'ondes radio permettent de remédier aux problèmes associés aux transceivers optiques mais nécessitent un matériel de modulation et démodulation, filtrage de la bande passante et multiplexage, ce qui a pour effet d'augmenter le coût associé. Plusieurs normes d'accès au médium furent proposées, notamment : IEEE 802.15.4 [7], bluetooth[68], etc.

Le matériel de localisation(GPS) garantit aux capteurs de pouvoir se positionner dans leur environnement de déploiment. A défaut de disposer d'équipements GPS respectant les limitations associées aux RCSF ainsi que pour des scénarios de déploiement indoor, diverses propositions d'algorithmes de localisation basées sur les paramètres de portée (RSS, AoA, ...) ont été formulées [33, 53, 73].

La mobilité des capteurs peut être autonome ou bien assistée (capteurs attachés à des individus ou à des véhicules) et permet d'augmenter la couverture de la zone d'intérêt et d'éviter l'épuisement rapide de l'énergie des capteurs au voisinage de la station de base.

L'unité de capture est intrinsèquement lié aux objectifs du réseau. Certains capteurs peuvent embarquer une multitude de circuits de captures : température, toxicité ...

Les unités de mobilité et de localisation sont optionnelles. Pour les RCSF-multimédia l'unité de capture est composée de capteurs scalaires (température par exemple), de caméras et de microphones.

2.2 Contraintes et spécificités des RCSF multimédia

Considérés comme une évolution des réseaux Ad-Hoc, les RCSF se passent des infrastructures réseaux et doivent s'autosuffire pour l'acheminement des données dans un mode multi-sauts. Ces réseaux sont limités par les contraintes associées et sont assez fréquemment sujets à des défaillances dûes aux dommages infligés par leurs environnements de déploiement. On dénombre les contraintes et spécificités suivantes par rapport aux réseaux Ad-Hoc traditionnels :

- Energie limitée : Les capteurs sont équipés de batteries avec une énergie limitée (quelques jours à quelques années). De plus, les RCSF sont le plus souvent déployés dans des zones difficiles d'accès voir hostiles pour l'homme. En général, il est difficile d'intervenir sur un RCSF après son déploiement pour effectuer des changements de batteries. Il est donc impératif de rationaliser la consommation de l'énergie au sein des RCSF afin d'étendre leur durée de vie. Les communications, comparées aux calculs, sont les activités les plus coûteuses en termes d'énergie. Il est donc fortement nécessaire d'en limiter le nombre et de programmer des périodes de veille pour économiser l'énergie.

- Contraintes topologiques : Les capteurs déployés dans une zone géographique d'intérêt coopèrent pour acheminer les informations relatives aux phénomènes détectés vers la station de base. Afin d'économiser l'énergie, un modèle de communication multi-sauts est adopté. Les variations topologiques sont assez fréquentes et résultent de la mobilité des capteurs et de l'épuisement des batteries.

- Mise à l'échelle : les capteurs sont déployés en un nombre qui peut varier de quelques unités à plusieurs dizaines de milliers. De plus, le réseau pourra être renforcé post-déploiement par l'ajout de nouveaux capteurs en vue de remplacer les unités défectueuses, d'étendre la couverture du RCSF à de nouvelles zones géographiques ou d'élargir la fonctionnalité du RCSF par introduction de capteurs pour la détection d'évènements de nature différente de celles envisagées lors du déploiement initial.

- Tolérance aux fautes : Il existe divers modes de déploiement pour RCSF. En effet, les capteurs peuvent aussi bien être déposés manuellement que dispersés par hélicoptère ou projetés à travers des missiles. Pour certains modes de déploiement, une pourcentage de 20% à 30% des capteurs ne survivra pas au déploiement. De plus, l'environnement de déploiement des RCSF peut être une source de dommage pour les capteurs, l'humidité, la chaleur sont des facteurs climatiques qui accélèrent la détérioration des capteurs. Ainsi, les RCSF se doivent d'être tolérants aux fautes et d'être capables de s'auto-reconfigurer pour remédier aux défaillances des capteurs.

3 Routage avec qualité de service pour RCSF

3.1 Définitions et mécanismes de QoS

La "RFC 2386" intitulée : "A Framework for QoS-based Routing in the Internet" définit le routage avec qualité de service comme étant un mécanisme qui détermine les chemins des flux en se basant sur une forme de connaissance de la disponibilité des ressources et des besoins en qualité de service de ces flux. La QoS est définie comme une garantie assurée par le réseau Internet de fournir un ensemble mesurable de données en termes de : délai, gigue, ...

Garantir la qualité de service pour les réseaux filaires passe par la mise en place de certains mécanismes [14] tels que :

- La redondance des ressources : en augmentant le nombre de ressources du réseau, il devient possible de faire face à la croissance des exigences (en termes de bande passante par exemple). Cette approche est particulièrement adaptée aux réseaux avec trafic prévisible. Ainsi, les ressources du réseau sont augmentées pour pouvoir répondre à des exigences correspondant à son pic d'activité.

- L'ingénierie du trafic : les flux de données sont répartis en plusieurs classes auxquelles des niveaux de priorité sont assignés. Ces niveaux de priorité organisent l'accès aux ressources partagées (bande passante, temps CPU,...).

L'Internet Engineering Task Force (IETF) propose deux modèles pour garantir la qualité de service dans Internet, à savoir : IntServ [99] qui opère sur le principe de réservation de ressources identifiées et leur attribution aux paquets reçus et DiffServ [10] qui ne réserve pas explicitement des ressources pour le trafic entrant, mais offre plutôt un traitement basé sur la priorité.

Les mécanismes de QoS développés pour les réseaux filaires ne peuvent être généralisés aux réseaux sans fil en raison des spécificités qui leur sont associées : mobilité des nœuds, volatilité des liens sans fil, etc. A cela viennent s'ajouter des contraintes inhérentes aux RCSF. En effet, il faudra aussi compter avec les réserves d'énergie limitées ainsi qu'avec les faibles capacités de calcul.

Une particularité des RCSF est qu'ils sont intimement liés à leurs contextes d'application. Ainsi, on pourra parler d'une qualité de service spécifique aux domaines d'application par opposition à la qualité de service approchée d'un point de vue réseau et qui adresse les contraintes sur les paramètres suivants :

- Débit : décrit le nombre de bits correctement reçus à la destination durant une période donnée.

- Délai : modélise le temps écoulé entre l'envoi du paquet par un capteur source et sa réception à la destination. Cela couvre le séjour en files d'attente et le délai de transmission.

- Gigue : représente les variations de délai auxquelles sont sujets les paquets consécutifs. La gigue résulte des temps de séjour différents au sein des files d'attente des capteurs.

- Perte de paquets : c'est le ratio de paquets perdus durant le processus de transmission et du nombre global de paquets transmis.

L'extension de la QoS à des paramètres spécifiques aux contextes d'application [14, 2, 29] est justifiée par la diversité et la particularité de chaque déploiement. Ainsi, la sécurité et le contrôle du nombre de fausses alarmes peuvent servir de paramètre QoS pour les applications militaires. De même, l'exactitude des données rapportées et le degré de couverture de la zone supervisée sont des facteurs importants pour les RCSF à applications industrielles (supervision des usines chimiques et centrales nucléaires par exemple).

L'approche traditionnelle pour le routage est une approche meilleur effort(best-effort). Le protocole de routage essaie dans la mesure du possible d'assurer le transfert des données en optant pour le plus-court chemin (minimisant le nombre de sauts). Cette approche ne supporte pas les exigences strictes associées aux applications multimédia et temps réel telles que la définition d'un délai maximal de transmission, voire une bande passante minimale pour les flux servis. De plus le service offert est le même quel que soit le type du flux en question.

L'approche QoS [14] utilise le mécanisme de contrôle d'admission pour accepter ou rejeter les flux. En cas d'admission d'un flux le protocole se porte garant du respect des exigences QoS associées. Cette approche permet aussi une différentiation de services offerts et la répartition des flux en classes de trafics. La qualité de service s'avère ainsi, une problématique transversale aux différentes couches de la pile réseau et ne peut être traitée exclusivement au niveau de la couche réseau et de ses protocoles de routage [65]. Une approche multi-niveaux est à privilégier vu l'interdépendance qui existe entre les différents niveaux de la pile de protocoles.

3.2 Routage avec QoS et théorie des graphes

Les algorithmes de routage traditionnels sont basés sur le concept de réduction du nombre de sauts séparant la source et la destination. Minimiser le nombre de sauts nécessaires au transfert de l'information est traduisible en un problème distribué de recherche du plus court chemin [84] : problématique pour laquelle diverses solutions furent proposées (Dijkstra, Bellman-Ford[8, 15, 74]) dans la littérature de la théorie des graphes. Le routage avec qualité de service est un cas particulier du problème de recherche de chemins sous contraintes multiples (multi-constrained path (MCP) [44]) prouvé NP complet [95, 35, 34]. La solution à ce problème passe par le développement d'heuristiques et/ou la relaxation des contraintes dans l'optique d'approximer la solution optimale.

Le routage avec QoS peut être formalisé comme suit : Soit $G(N, A)$ un graphe bi-directionnel dont les sommets forment l'ensemble N et les arcs l'ensemble A. Chaque arc $(u, v) \in A$ se voit associé m métriques de routage $d_1(u, v), \ldots, d_m(u, v)$. Ces métriques peuvent être additives (délai), concaves (bande passante) ou multiplicatives (taux de perte de paquets) et permettent d'évaluer la qualité du service offert par un lien, un chemin, un ensemble de chemins voir le réseau dans son intégralité. Notons que les métriques multiplicatives peuvent être converties en additives via application du logarithme.

Le routage multi-path avec QoS consiste à trouver un ensemble P de chemins reliant deux nœuds : source s et destination d, tel que pour tout chemin $p = (u_0, u_1, u_2 \ldots u_n) \in P$ et pour m contraintes réelles $D_j, j \in \{1, \ldots, m\}$ on a :

- $\sum_{i=1}^{n-1} d_j(u_i, u_{i+1}) \leq D_j$ pour les métriques additives.

- $\prod_{i=1}^{n-1} d_j(u_i, u_{i+1}) \leq D_j$ pour les métriques multiplicatives.

- $\forall i$, $\min_{i=1,\dots,n} d_j(u_i, u_{i+1}) \leq D_j$ pour les métriques concaves.

La littérature est riche en heuristiques visant la résolution approximative du problème MCP, on en cite à titre d'exemples :

- Pour les métriques concaves d'un problème mono-path on opère par élagage du réseau afin d'éliminer les liens non conformes aux contraintes [28] : c'est le cas du routage avec contraintes sur la bande passante et flux de données non séparables.

- Calculer K ($\gg m$) plus courts chemins relativement a une métrique composite et en sélectionner les k premiers qui respectent l'ensemble des contraintes.

Des solutions exactes, bien que peu nombreuses, ont été proposées [92], le SAMCRA [19] recherche les k-plus courts chemins en utilisant une variante de l'algorithme Dijkstra. SAMCRA ne s'arrête pas une fois la destination atteinte mais continue jusqu'à ce qu'elle le soit k fois. Les chemins sont ordonnés sur la base d'une relation de non-dominance pour augmenter l'efficacité de l'algorithme. La complexité de l'algorithme est proportionnelle à la taille du réseau et au nombre de chemins maintenus.

4 Etat de l'art des protocoles de routage QoS pour RCSF

Les travaux de recherche sur le routage avec QoS pour RCSF ont abouti à plusieurs propositions de protocoles. Nous décrivons ci-dessous le fonctionnement ainsi que les limitations de divers protocoles et fournissons une étude comparative de ces derniers sur la base de paramètres que nous jugeons d'une grande importance pour les réseaux de capteurs sans fil.

4.1 Sequential Assignment Routing

SAR [87] est le premier protocole de routage avec support de QoS proposé pour les réseaux de capteurs sans fil, ce protocole a pour objectif d'augmenter l'efficacité énergétique et la tolérance aux fautes. Le protocole construit des arbres de routage en partant des capteurs à un saut de la station de base. Les arbres construits croissent en se branchant de proche en proche aux capteurs à distance croissante de la station de base et en évitant ceux à faible énergie et/ou ne respectant pas les contraintes QoS. Les paquets se voient attribués un facteur de priorité. Pour chaque paquet on calcule la QoS associée à un chemin comme étant le produit du facteur priorité et de la métrique QoS additive. L'approche multi-path de SAR augmente la fiabilité de transfert des données et un mécanisme de restauration locale est employé en cas de rupture de liens. SAR souffre de la nécessité pour chaque capteur de maintenir plusieurs chemins entre une paire source/destination.

4.2 SPEED

SPEED [30] est un protocole de routage géographique temps réel qui essaie de maintenir une vitesse de transmission de paquets au dessus d'un seuil préétabli qui dépend du délai de transmission exigé. Le trafic est dirigé vers le voisin assurant le maintien de la vitesse de transmission pour la destination en question. Pour réduire la congestion, le protocole opère respectivement en aval et en amont du capteur congestionné pour déterminer si des paquets seront supprimés ou si le trafic sera redirigé. Il est à noter que SPEED ne supporte pas la différentiation de services et ne traite pas explicitement la consommation énergétique mais adopte plutôt une transmission non déterministe des paquets. Aussi, la source du trafic ne reçoit pas de notification de ses paquets supprimés pour raison de congestion.

En effet, à moins que la régulation du taux de transmission n'atteigne la source de données, celle-ci ne dispose d'aucun mécanisme de notification.

4.3 MMSPEED :

Le protocole MMSPEED [26] remédie à l'absence de différentiation de services dont souffre SPEED et améliore ce dernier en ajoutant le support de la fiabilité de transmission des données. La différentiation de services passe par une décomposition logique du réseau de capteurs en autant de réseaux virtuels que de classes de trafic disponibles. Le protocole SPEED est implémenté au niveau de chaque réseau virtuel est assure une vitesse minimale de propagation des données en son sein. Pour un transfert fiable des données, une redondance est introduite via réplication et transmission des paquets à un sous ensemble de voisins. Pour composer les deux métriques de routage (délai et fiabilité), MMSPEED calcul dans un premier temps pour déterminer la vitesse de propagation nécessaire à la transmission des données de chaque type de trafic et affecte à toute classe de trafic un réseau virtuel. Dans un second temps, et pour assurer la fiabilité, une réplication des données a lieu sur les capteurs voisins au sein du même réseau virtuel. Pour déterminer la fiabilité d'un chemin, MMSPEED suppose que le taux d'erreur de transmission sur tous les liens du chemin est identique à celui du premier lien de ce dernier. Cela a pour objectif de simplifier le calcul mais soulève des interrogations quant à l'exactitude et la cohérence des résultats. De plus, l'implémentation de MMSPEED pour les périphériques à forte contraintes énergétiques n'est pas supportée.

4.4 Energy and QoS aware Routing in Wireless Sensor Networks [1]

Ce protocole de routage vise à donner une grande priorité au trafic temps réel sans pour autant bloquer le trafic best effort. A cet effet, chaque capteur entretient deux files d'attentes (une pour chaque type de trafic) et sert les paquets de chacune selon la proportion de bande passante réservée au type de trafic correspondant. L'algorithme de Dijkstra est employé pour trouver le plus court chemin en termes de coût : fonction agrégée combinant énergie résiduelle, coût de communication et taux d'erreur, respectant la contrainte de délai. Si le plus court chemin (celui au coût minimum) ne permet pas de combiner à la fois trafic meilleur effort et temps réel, l'algorithme de Dijkstra pour les K plus court chemin est utilisé et les contraintes de coût sont relaxées au profit du délai. Il est à noter que seuls deux niveaux de priorité sont supportés : meilleur effort et temps réel. Aucune différentiation de services n'existe au niveau du trafic temps réel. De plus, le calcul centralisé des plus courts chemins requiert une vision globale de l'état du réseau ainsi que la stabilité de sa topologie.

4.5 QoS and energy aware routing for real-time traffic in wireless sensor networks [60]

La préservation de l'énergie des capteurs passe par l'optimisation des opérations de transmission de données. A cet effet, un facteur d'urgence est attribué à chaque paquet. Ce dernier est fonction de la distance à parcourir et du temps restant avant sa suppression pour transgression de la contrainte sur le délai. Chaque capteur garde une liste ordonnée de ces voisins selon un facteur de priorité calculé de telle façon que pour un paquet à facteur d'urgence élevé, les capteurs atteints avec le plus petit délai seront des relais prioritaires. Pour les paquets à facteur d'urgence faible les capteurs à grande réserves énergétiques seront privilégiés. Pour augmenter la fiabilité du routage une redondance est introduite à la source : un paquet de back-up est transmis au voisin ayant le second plus grand degré de priorité.

4.6 Link Availability Based QoS routing

LABQ [102] se donne pour objectif de réduire la consommation énergétique et la charge de communication associées à la restauration des liens rompus. En effet, en cas de mobilité des capteurs, des liens de communication sans fil se font et se défont, ce qui corrompt les informations stockées dans les tables de routage. L'approche adoptée par les auteurs de LABQ consiste à anticiper les ruptures de liens en considérant comme métrique de routage, la disponibilité des liens sans fil entre les capteurs d'un chemin. LABQ emploie la métrique ETX, qui décrit le nombre de transmissions nécessaires pour envoyer un paquet, comme seconde métrique de routage afin de définir la qualité des liens. Aux précédentes métriques s'ajoute l'énergie résiduelle des capteurs. La source est informée du coût de la métrique agrégée associée à un chemin donné par l'envoi de paquets de type RREQ (Route REQuest) cumulant les valeurs associées aux métriques de routage suivi par la réception des paquets RREP (Route REPly). La métrique ETX suppose des radios à énergie de transmission fixe (et par conséquent une portée de transmission fixe) et ne peut opérer sur des liens asymétriques.

4.7 Algorithmes inspirés par la nature

Pour cette classe d'algorithmes, la nature est la principale source d'inspiration [24]. Des phénomènes naturels et théories évolutionnistes sont adaptés, voire projetés sur le problème de routage avec QoS :

- Théorie évolutionniste [51, 66] : Le principe fondamental est la survie du plus apte. Les solutions potentielles du problème (chemins de routage) sont traduites en population d'individus et se voient appliquées des opérations génétiques de mutation, croisement, sélection. Les opérateurs génétiques sont appliqués itérativement et les individus les plus aptes ou disposant des caractères enrichissants sont sélectionnés pour constituer une nouvelle population.

- Intelligence collective : Les communautés d'insectes [25] sont composées d'entités simples coopérant en vue de réaliser des tâches complexes et ce de manière totalement distribuée et sans contrôle central. Cette forme d'intelligence collective se prête assez bien au problème de routage avec QoS : indisponibilité d'une vision globale de l'état du réseau et exploitation d'informations locales pour élaborer des solutions globales.

ACO-QoSR [12]

Les colonies de fourmis communiquent de manière indirecte à travers l'environnement (Stigmergie). En effet, plus le chemin parcouru vers la source de nourriture est court, plus grande sera la quantité de phéromone déposée par les fourmis. Ces chemins à fort dépôt de phéromone sont privilégiés par les fourmis dans leur quête de nourriture. L'algorithme ACO [21] fait correspondre aux fourmis des paquets qui parcourent le RCSF de la source vers la destination en accumulant les informations sur les capteurs et liens sans fil (délai de transmission, énergie résiduelle, etc.). Ces paquets qualifiés de forward-ants sont convertis en backward-ants à la destination et parcourent les chemins entrepris par les forward-ants en sens inverse tout en mettant à jour les tables de phéromone des capteurs traversés. Une heuristique locale, basée sur le ratio : énergie résiduelle de chaque voisin relativement à celui du voisinage, permet d'éviter les minima locaux. Les techniques d'évaporation, de limitation et de smoothing sont combinées pour éviter la stagnation et permettent de réaliser un équilibre entre exploitation des chemins trouvés et exploration de nouvelles routes. Notons que l'exploration restreinte de l'espace de solutions en raison de la non présence du facteur hasard peut engendrer une convergence rapide vers des optimums locaux.

QoS-PSO [103]

Le comportement des communautés d'individus est influencé par une composante cognitive et une autre sociale. La première est relative à l'historique de l'individu et aux positions d'optimalité locale par lesquelles il a transité. La seconde introduit la notion de communauté et d'optimalité globale. Ainsi, les individus se déplacent dans un espace multidimensionnel (les métriques QoS étant les dimensions de l'espace) en fonction de leur optimum local et de l'optimum global du groupe. L'algorithme fait correspondre à la notion de vélocité de déplacement des individus celle de croisement de chemins de routage, en l'occurrence il s'agit du chemin optimal précédent pour le même individu. La population initiale de chemins de routage est obtenue par diffusion : cela correspond à un coup élevé en termes d'énergie et de charge de communication. L'approche centralisée suppose des capacités de calcul élevées à la source ce qui n'est toujours pas le cas. De plus, elle sous-entend une stabilité du réseau et ne tient pas compte de la mobilité des capteurs et des changements de statut de ces derniers suite à l'épuisement des batteries par exemple.

MOGA Approach for QoS-Based Energy-Efficient Sensor Routing Protocol

Dans L'article [82], l'optimisation multi-objectifs est utilisée pour optimiser simultanément plusieurs métriques de routage. L'approche adoptée opère en deux phases. Ainsi, durant la phase d'initialisation une recherche en profondeur permet de créer une population initiale d'individus correspondants aux chemins découverts. La seconde phase est itérative et consiste en l'application des opérateurs génétiques de mutation et croisement sur la population de l'itération précédente suivie d'un opérateur de sélection pour choisir en fonction de leur aptitude les individus qui passeront à l'itération suivante. Contrairement à la version mono-objectif plusieurs solutions sont fournies en résultat et constituent le front Pareto optimal. Ce front est composé de chemins entre lesquels il n'existe pas de relation de dominance. Autrement dit, ces chemins ne peuvent être comparés, car chacun d'entre eux est optimal selon au moins une métrique mais peut ne pas être optimale selon les autres métriques de routage. L'approche centralisée ne tient pas compte du feedback associé aux modifications de la topologie et à la mobilité des capteurs. Aussi, la définition de l'aptitude des individus passe par une fonction d'évaluation dont le choix influence largement les performances du protocole proposé.

Distributed Aggregate Routing Algorithm (DARA)[79]

L'objectif du protocole DARA est d'offrir une différentiation de services pour les applications temps réel. En effet, les flux de paquets temps réel sont transmis le long du plus court chemin vers la destination, tandis que les paquets libres de contraintes prennent une route plus longue. L'algorithme DARA opère au niveau de chaque capteur en définissant le relais de transmission adéquat à chaque type de flux. Ce relais doit maximiser une métrique composite qui prend en considération, l'énergie résiduelle des capteurs, le temps de séjour et la vitesse de progression des paquets. Les paquets temps réel sont programmés pour être transmis selon un ordre croissant du temps restant pour expiration de l'échéance de réception à la destination. Bien que la duplication des paquets que réalise DARA à la source permet d'augmenter la fiabilité du routage, elle entraîne en contre partie une augmentation de la consommation d'énergie.

La TABLE 1 fournit un comparatif des protocoles de routage selon les critères suivants :

- Topologie : la topologie hiérarchique organise les capteurs du réseau en des unités logiques appelées clusters et ce relativement à un critère de clustering (position géographique, énergie résiduelle, etc.). Elle permet entre autres de réaliser la fusion et l'agrégation de données au niveau des clusters formés et réduit ainsi le volume de données échangées en opérant des pré-traitements localisés. Les capteurs dans les topologies plates sont de même niveau d'importance, chaque capteur peut communiquer avec l'ensemble du réseau sans devoir passer par le capteur qui fait office de tête de cluster.

- Multi-chemins : Le routage multi-chemins a pour objectif d'augmenter la fiabilité du protocole de routage et de réduire les interférences. Certains protocoles utilisent un des chemins comme route principale et exploitent les autres comme chemins de backup en cas de rupture de liens.

- Mobilité : Qu'elle soit autonome ou assistée la mobilité des capteurs entraîne des modifications topologiques et une volatilité des liens sans fil. Sa prise en compte est un critère important pour les protocoles de routage.

- Sensibilité à l'énergie : L'énergie est une ressource critique pour les réseaux de capteurs sans fil. Sa prise en considération lors du développement de protocoles de routage permet d'étendre la durée de vie des capteurs et par conséquent celle du réseau. Cette prise en compte passe impérativement par la réduction du nombre de communications réalisées et la fusion des données.

- Localisation : Les protocoles géographiques font usage des informations de localisation obtenues par GPS ou via algorithmes (solution approximative) pour optimiser les performances et orienter les flux de données.

- Proactivité vs réactivité : Les protocoles réactifs contrairement aux protocoles proactifs ne maintiennent des informations relatives à la topologie qu'en présence de trafic réduisant ainsi la charge inhérente à l'identification des chemins de routage. En cas de topologie stable les protocoles proactifs permettent de réduire la charge associée à la redécouverte de chemins de routage.

Protocoles	Hiérarchique	Multichemins	Mobilité	Energie	Localisation	Réactif
[87]	Non	Oui	Non	Oui	Non	Non
[30]	Non	Oui	Non	Non	Oui	Oui
[26]	Non	Oui	Oui	Non	Oui	Oui
[102]	Non	Oui	Oui	Oui	Non	Oui
[1]	Non	Oui	Non	Oui	Non	Non
[60]	Non	Oui	Oui	Oui	Oui	Oui
[12]	Non	Oui	Non	Oui	Non	Oui
[103]	Non	Non	Oui	Oui	Non	Oui
[82]	Non	Oui	Non	Oui	Non	Oui
[79]	Non	Oui	Non	Oui	Oui	Non

TABLE 1 – Comparatif des différents protocoles de routage QoS pour réseaux de capteurs sans fil.

Il découle de l'étude comparative réalisée qu'il est important de tenir compte des points suivants pour le développement de protocoles de routage avec qualité de service pour réseaux de capteurs sans fil :

- La plupart des protocoles de routage QoS proposés pour réseaux de capteurs sans fil traitent des contraintes sur le délai de transmission des paquets et la consommation d'énergie associée. Bien que ces facteurs de qualité jouissent d'une grande importance, notamment pour les applications des RCSF temps réel, d'autres facteurs tels que la fiabilité des transmissions et l'exploitation optimale de la bande passante disponible sont à prendre en considération. En particulier, avec le développement que connaisse les réseaux de capteurs sans fil multimédia, de nouvelles exigences sur la bande passante attribuée aux flux de donnée s'imposent. en raison de la quantité élevée de données multimédia échangées (videos, images,...)

- Le recours à des procédures centralisées pour le calcul des chemins de routage exige l'accès à l'état instantané du réseau. Comme les modifications topologiques sont assez fréquentes (destruction des capteurs, fluctuation de la qualité des liaisons sans fil), une telle exigence ne peut être remplie. De plus, l'approche centralisée engendre une factorisation des calculs au niveau d'un seul capteur et se trouve ansi confrontée aux capacités de calcul limitées qui caractérisent les RCSF. L'approche décentralisée permet à partir d'informations locales (énergies des voisins, position géographique, ...) et d'une coopération distribuée des capteurs de développer des solutions globales (trouver le chemin de routage).

- Les réseaux de capteurs étant intrinsèquement liés aux contextes dans lequel ils sont déployés, il nous semble primordial d'exploiter les informations disponibles sur l'environnement de déploiement. En particulier les informations de géolocalisation sont d'un grand apport pour orienter la recherche de chemin de routage et minimiser le délai de transmission des paquets de données.

- La qualité de service est une problématique non spécifique aux protocoles de routage. En effet, les performances de ces derniers sont largement affectés par les opérations de la couche d'accès au médium et de la couche physique. Ainsi, une estimation correcte de la bande passante résiduelle par la couche MAC et du temps d'inactivité du canal radio sont autant de pré-requis à un contrôle d'admission efficace par la couche réseau. Une approche transversale permettra d'exploiter les informations obtenues par les différentes couches de la pile des protocoles de communication des capteurs pour affiner les décisions de routage. Nous nous intéressons particulièrement aux réseaux de capteurs sans fil multimédia et nous considérons que le contexte de déploiement n'impose pas de contraintes de sécurité ; c'est notamment le cas pour les applications agricoles et de protection de l'environnement.

5 Conclusion et perspectives

Dans ce chapitre nous avons présenté l'architecture ainsi que les domaines d'application des réseaux de capteurs sans fil. Nous avons abordé la formulation mathématique du routage avec qualité de service tout en signalant la nécessité de développer des protocoles spécifiques pour RCSF. Un certain nombre de protocoles de routage QoS existants ont été présentés et leurs principales caractéristiques et limitations rappelées. Enfin, nous avons réalisé une étude comparative de ces protocoles en vue de déterminer les principaux aspects dont doivent tenir compte les protocoles de routage QoS pour réseaux de capteurs sans fil à développer.

QGRP

1 Introduction

Dans le chapitre 1 nous avons présenté les réseaux de capteurs sans fil et élaboré un état de l'art des propositions de protocoles de routage avec qualité de service existantes. Comme nous l'avons signalé, les spécificités des réseaux de capteurs sans fil multimédia encouragent le développement de protocoles de routage sensibles aux exigences particulières de cette variante, qui tiennent compte des limitations d'énergie et de bande passante disponible. Dans cette optique, nous proposons QGRP [45, 47, 46], un protocole de routage géographique avec qualité de service sensible à la consommation d'énergie pour réseaux de capteurs sans fil multimédia.

Le présent chapitre commence par une description du protocole AODV dans la section 2. La section 3 décrit la classification des techniques d'estimation de la bande passante résiduelle et détaille quelques propositions intrusives et passives. Nous abordons dans la section 4 la description détaillée du protocole QGRP. Enfin, nous présentons et discutons les performances du protocole proposé à travers les résultats numériques des simulations réalisées sur le simulateur NS 2.34 dans la section 5 pour ensuite conclure le chapitre et détailler les perspectives dans la section 6.

2 Description du protocole AODV

Le protocole de routage : Ad-Hoc On-Demand Distance Vector (AODV), est un protocole réactif pour réseaux Ad-Hoc mobiles qui initie une découverte de chemins chaque fois que des données à transmettre sont disponibles ou qu'un terminal désire rejoindre un group multicast. Les terminaux maintiennent des tables de routage qui font correspondre à chaque destination active un voisin par lequel les données vont transiter. Les chemins créés sont prémunis des boucles grâce à l'utilisation des numéros de séquence. AODV supporte aussi bien les communications unicast que broadcast, et multicast. La découverte de chemins se déroule selon les étapes suivantes :

(i) La source diffuse un message RREQ (Route REQuest) à ses voisins. Ce paquet contient entre autres les champs : adresses de la source et de la destination, leurs numéros de séquence et un compteur de sauts.

(ii) Les terminaux intermédiaires enregistrent l'adresse du voisin par lequel le paquet RREQ a été reçu. Un chemin inverse est ainsi établi vers la source.

(iii) A la réception d'un paquet RREQ, le terminal disposant d'un chemin actif à la destination demandée répond par transmission d'un message RREP (Route REPly) à l'intention de la source directement au voisin par lequel le paquet RREQ a été reçu. Si le terminal ne dispose pas d'un chemin actif le paquet RREQ est rediffusé.

(iv) Tout terminal intermédiaire recevant un message RREP met à jour sa table de routage et enregistre le voisin duquel est issu le message ainsi que le numéro de séquence de la destination. Le message RREP est ensuite propagé vers la source.

(v) Comme les terminaux sont mobiles, il est fréquent que des liaisons sans fil se rompent. Suite à une rupture d'une liaison, au long d'un chemin de routage actif, le terminal qui se trouve en amont diffuse un message d'erreur RERR (Route ERRor) qui comprend la liste des destinations devenues inaccessibles suite à la rupture. Le message RERR est propagé vers la source, qui relance dès sa réception une opération de découverte de chemins.

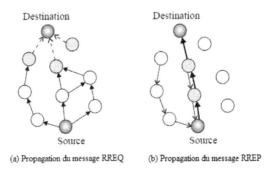

(a) Propagation du message RREQ   (b) Propagation du message RREP

FIGURE 4 – AODV, Découverte de chemins.

Le protocole AODV utilise des numéros de séquence pour produire des chemins de routage sans boucle actualisés (reflétant l'état actuel du réseau) et le nombre de sauts comme critère de comparaison des chemins. Tout terminal maintient un couple de numéros de séquence et de diffusion. Le numéro de diffusion est incrémenté à chaque diffusion de message RREQ et permet avec l'adresse du terminal source d'identifier de façon unique ses messages. Les terminaux initiant une découverte de chemin estampent leur message RREQ par le numéro de séquence le plus récent de la destination. Ainsi, seuls les terminaux intermédiaires ayant un chemin vers la destination souhaitée, avec un numéro de séquence supérieur ou égal à celui contenu dans le paquet RREQ vont répondre par un message RREP. L'organigramme de la FIGURE 5 résume les opérations réalisées par le protocole AODV.

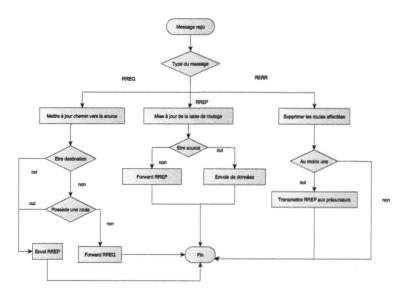

FIGURE 5 – Organigramme des opérations d'AODV.

3 Techniques d'estimation de la bande passante résiduelle

La bande passante résiduelle peut être définie comme étant le débit maximal qui peut être émis par un terminal sans entraîner pour autant la dégradation des flux qui sont déjà servis par le réseau. L'estimation exacte de la bande passante résiduelle permet d'améliorer les performances des protocoles de routage dans les réseaux sans fil et de permettre la création de chemins respectant les contraintes QoS exigées. Ce constat est d'autant plus valide pour les réseaux de capteurs sans fil. En effet, les RCSF sont caractérisés par une bande passante limitée et les protocoles de routage développés pour cette catégorie doivent en faire une utilisation optimale.

Les techniques d'estimation de bande passante résiduelle sont classifiées en deux grandes catégories que sont :

- Les techniques intrusives : Le terminal sonde émet des trames de paquets de contrôle, et recueille des paramètres telles que la différence de fréquence des trames à l'émission et la réception, le délai de transmission des paquets pour estimer la bande passante.

- Les techniques passives : Les terminaux utilisent des informations recueillies dans leurs voisinages, telle que la durée des périodes d'inactivité du canal de transmission et la synchronisation de ces périodes chez l'émetteur et le récepteur, pour réaliser une estimation de la bande passante disponible.

Plusieurs propositions de techniques d'estimation de la bande passante disponible, à la fois intrusives et passives, furent développées. DietTTOP [36] repose sur l'envoi consécutif de trains de paquets de contrôle par un terminal source et la comparaison du taux d'émission et de réception. Le taux d'émission est progressivement augmenté jusqu'à ce qu'il atteigne une valeur o_{max} pour laquelle les taux d'émission et de réception divergent. La bande passante disponible est alors équivalente à o_{max}. Les auteurs de [56] présentent une technique basée sur le fait qu'un délai de transmission supérieur à un seuil maximal théorique reflète une utilisation élevée du canal de transmission. L'utilisation du canal qui est calculée à partir du délai dont font l'objet les paquets de contrôle sert de base pour estimer la bande passante résiduelle.

Il est important de signaler que les techniques intrusives souffrent d'une limitation majeure. En effet, elles ne prennent pas en considération l'impact des flux admis sur les flux qui sont déjà servis par le réseau et n'offre par conséquent aucune garantie de non dégradation de la qualité de service offerte à ces derniers.

Les techniques passives sont intrinsèquement liées à la technologie d'accès au médium employée par le terminaux. Plusieurs techniques d'estimation ont été élaborées pour le standard IEEE 802.11. Ce dernier définit une couche MAC commune qui contrôle les accès au canal sans fil partagé. Le standard spécifie deux modes d'accès "Distributed Coordination Function" (DCF) et "Point Coordination Function" (PCF). Le mode DCF utilise la technique "carrier sense multiple access with collision avoidance" (CSMA/CA) et les terminaux rivalisent pour obtenir l'accès au médium. CSMA/CA permet d'éviter les problèmes du terminal caché et du nœud exposé par un mécanisme de poignée de main (RTS-CTS-Data-Ack). L'accès aléatoire au médium caractérisant IEEE 802.11 fait que la bande passante disponible est partagée entre les terminaux de la zone de détection de porteuse. Cette dernière est définie pour un terminal s comme étant la zone géographique couvrant les terminaux dont toute transmission fera que s détectera le médium comme étant occupé. Comme spécifié dans la figure FIGURE 6 cette zone est plus large que la zone de transmission du terminal considéré.

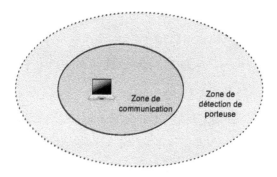

FIGURE 6 – Zone de détection de porteuse/zone de communication.

Le protocole AAC [20] base son estimation de la bande passante résiduelle sur la définition du rayon de la zone de détection de porteuse et de celui de la zone de contention intra-flux. Ainsi, il fixe le premier à trois sauts et affecte au second une valeur de deux ou trois selon la régularité du chemin de routage. La régularité d'un chemin est optimale s'il est assimilable à une ligne droite. Dans AAC les terminaux s'échangent les informations sur la bande passante résiduelle en diffusant des paquets de type Hello avec une durée de vie d'un saut. Ces paquets contiennent les informations de bande passante du terminal qui les a diffusés ainsi que les informations relatives à ces voisins ; On obtient ainsi une vision de l'état des ressources à deux sauts en termes de bande passante disponible minimale. Cette approche ne considère pas le fait que l'admission d'un nouveau flux engendre la croissance de la compétitivité entre les terminaux pour le partage de la bande passante. La bande passante résiduelle ainsi obtenue s'avère être une surestimation de la valeur réelle qui sera attribuée au nouveaux flux admis.

ABE [80] est une technique passive d'estimation de la bande passante basée sur la constation suivante : La communication entre deux terminaux ne peut s'établir que si le médium est physiquement libre au niveau de l'émetteur et du récepteur. Ainsi, pour calculer la bande passante résiduelle au niveau d'une liaison sans fil, ABE réalise dans un premier temps une estimation probabiliste de la synchronisation des période d'inactivité dans les zone de détection de porteuse des terminaux aux extrémités de la liaison. La prise en compte des collisions est introduite dans un second temps et se fait sur la base d'une estimation instantanée du taux de perte de paquets Hello échangés et d'une estimation offline à partir de simulations de la probabilité de collision en fonction de la taille des paquets de données transmis. Certaines techniques passives d'estimation de bande passante résiduelle [101] font l'hypothèse de terminaux opérant sous des conditions de saturation. Les terminaux sont supposés disposer d'une file d'attente infinie et ont toujours des paquets à transmettre. Une telle supposition restrictive est justifiée pour des conditions de fonctionnement extrêmales où les terminaux du réseau sont surchargés. Ces techniques produisent une sous-estimation de la bande passante disponible en raison des conditions de fonctionnement pessimistes adoptées.

4 Description du protocole QGRP

Au sein des réseaux de capteurs sans fil multimédia [2, 54, 4], les flux de données transportés sont sujets à des contraintes de qualité de service sévères. Ces fortes exigences de QoS sont le résultat de la nature multimédia (séquences vidéo, images, etc.) du contenu produit par les capteurs. Ainsi, il s'avère nécessaire de proposer des protocoles de routage avec qualité de service adaptés aux RCSF multimédia. En effet, les propositions élaborées devront tenir compte, en plus de la réduction de la consommation d'énergie, des limitations en termes de bande passante résiduelle et en optimiser l'exploitation. A cet effet, nous proposons un protocole de routage géographique avec qualité de service qui exploite les informations de localisation des capteurs pour guider les flux de données en direction de la station de base du réseau. Le protocole QGRP proposé, élabore des chemins de routage sous contraintes QoS de bande passante et d'énergie résiduelles.

Pour disposer d'une estimation fiable de la bande passante résiduelle nous avons adopté une technique passive [80] que nous avons modifiée par introduction de la valeur analytique de la probabilité de collision conditionnelle au lieu de la valeur expérimentale. Cette dernière étant étroitement liée au scénario de simulation particulier utilisé pour la calculer. Ainsi, nous avons eu recours à modèle analytique de IEEE 802.11 décrit dans [101, 22] pour dériver la probabilité de collision et la durée moyenne de back-off en vue d'affiner la technique [80].

4.1 Estimation de la bande passante résiduelle

Bianchi a élaboré un modèle analytique pour IEEE 802.11 DCF dans [9] pour les réseaux cellulaires. Ce modèle a été généralisé pour les réseaux multi-sauts dans [101]. Les deux modèles supposent des réseaux opérant sous des conditions de saturation : Le terminal a toujours un paquet à transmettre. Une telle supposition est justifiée par le fait que les capteurs en plus des paquets de données et de contrôle (relatifs au protocole QGRP), échangent périodiquement des paquets Hello en fréquence élevée pour diffuser les informations sur la localisation, l'énergie résiduelle et la bande passante disponible dans le voisinage des capteurs. La probabilité conditionnelle de collision P_c est obtenue par résolution du système d'équations en point fixe décrit par :

$$
\begin{cases}
P_a = \dfrac{2-4P_c}{(1-2P_c)(CW_{max}+1)+P_cCW_{min}(1-(2P_c)^{\log \frac{CW_{max}}{CW_{min}}})} \\
P_c = 1 - \left(1 - P_a\right)^{|CS_s \cap IN_r|}\left(1 - P_a\right)^{|CS_s \setminus IN_r| \times \frac{V}{T_v}}
\end{cases}
$$

La TABLE 2 décrit la signification des symboles utilisés dans les formules de calcul de la probabilité de collision et la FIGURE 7 schématise un scénario de calcul de la bande passante résiduelle entre une source s et un récepteur r.

Symbole	Description
P_a	Probabilité de tentative de transmission.
P_c	Probabilité de collision conditionnelle.
CW_{max}	Fenêtre de contention maximale.
CW_{min}	Fenêtre de contention minimale.
IN_r	Région de contention du capteur r.
CS_s	Zone de détection de porteuse du capteur s.
T_v	Durée d'un slot virtuel.
V	Durée entête et payload.

TABLE 2 – Liste des symboles utilisés

Pour simplifier les calculs nous supposons que la zone IN_r est totalement couverte par CS_s ce qui se traduit par l'équation $d_{cs} = d + d_{in}$, ainsi, la probabilité

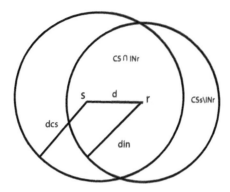

FIGURE 7 – Scénario d'estimation de la bande passante disponible.

conditionnelle de collision se résume à la formule :

$$P_c = 1 - (1 - P_a)^{|IN_r|} \tag{1}$$

Malgré cette simplification et vu les capacités de calcul limitées des capteurs sans fil, la résolution des équations en point fixe s'avère gourmande en termes d'énergie et surtout de calcul. Nous avons, par conséquent, délaissé la résolution de ce système de façon réactive (dès que des données à transmettre deviennent disponibles) au niveau des capteurs déployés, au profit d'une résolution off-line du même système. En effet, nous résolvons le système de façon off-line pour différents scénarios qui se distinguent à la fois par la distance séparant l'émetteur et le récepteur ainsi que par la densité du réseau. Les capteurs déployés pourront ainsi dériver la probabilité de collision conditionnelle en faisant une moyenne pondérée des valeurs extrêmales encadrant la distance les séparant des récepteurs respectifs. La TABLE 3 résume les résultats obtenus.

Densité	Distance			
	100 m	**150 m**	**200 m**	**250 m**
90	0.1444	0.2535	0.3319	0.3910
100	0.1781	0.2727	0.3436	0.4062
110	0.1781	0.2727	0.3544	0.4198
120	0.1781	0.2898	0.3739	0.4323

TABLE 3 – P_c pour différentes configurations densité/distance

4.2 Métrique de routage composite

Moyennant l'échange périodique de paquets Hello, chaque capteur construit une liste de voisins qui serviront potentiellement de relais à l'acheminement des données, qu'il ordonne par destination active. La liste de relais d'un capteur U notée $f_w(U)$ est composée de ses voisins qui respectent les contraintes d'énergie résiduelle, de bande passante résiduelle et qui assurent une progression géographique positive aux paquets transportés vers la station de base (BS) :

$$V \in f_w(U) \Rightarrow \widehat{BS, U, V} \leq \pm\pi/2 \qquad (2)$$

Les relais sont ordonnés, en complément à la destination, par la valeur décroissante d'une métrique composite combinant les facteurs d'énergie, de bande passante disponible et de progression géographique. La métrique affectée par QGRP à une liaison sans fil (U,V) reliant un capteur U et un relais $V \epsilon f_w(U)$ est donnée par :

$$mt(U,V) = \frac{1}{\|\overrightarrow{V, BS}\|_2 \times \widehat{BS, U, V}}(\alpha \frac{B_{U,V}}{B_{no}} + \beta \frac{E_V}{E_{V_{in}}}) \qquad (3)$$

- Les facteurs α et β sont des poids attribués par QGRP aux composantes de la métrique avec la contrainte : $\alpha + \beta = 1$. La liste de relais est mise à jour suite à la réception de paquets Hello ce qui permet à un voisin hors liste de devenir relais, suite à l'amélioration de la bande passante qu'il offre par exemple, ou la suppression d'un relais de la liste suite à la dégradation de ses réserves énergétiques.

- $\frac{B_{U,V}}{B_{no}}$ est le ratio entre la bande passante résiduelle du lien (U, V) et de la capacité maximale des liens sans fil. Cette dernière est une limite théorique fixée par le protocole d'accès au médium utilisé. Les capacités maximales du standard IEEE 802.11 sont décrits par la TABLE 4 :

Norme	Capacité maximale associée
IEEE 802.11	2 Mbps
IEEE 802.11b	11 Mbps
IEEE 802.11a	54 Mbps
IEEE 802.11g	54 Mbps

TABLE 4 – Capacités maximales pour le standard IEEE 802.11

- $\frac{E_V}{E_{V_{in}}}$ est le ratio entre l'énergie résiduelle du capteur V et son énergie initiale. Ce ratio reflète en plus de la consommation d'énergie, le degré de participation du capteur aux opérations du RCSF. Il permet ainsi, d'introduire la notion d'équité et de balancer la charge d'acheminement de paquets au sein du réseau.

- $\|\overrightarrow{V, BS}\|_2$ représente la distance euclidienne entre le capteur V et la station de base.

- $\widehat{BS, U, V}$ est l'angle formé par les capteurs U, V et la station de base.

QGRP est un protocole de routage réactif qui maintient, au niveau de chaque capteur, une table de routage pointant les voisins auxquels les données d'une destination particulière seront transmis. Seules les destinations actives sont maintenues et la table est périodiquement purgée pour libérer les entrées des destinations devenues inactives. Le protocole associe à chaque destination active le voisin qui permet de maximiser la valeur de la métrique composite (3). En complément aux composantes énergétiques et de bande passante disponible, QGRP favorise les voisins augmentant la progression géographique des paquets avec une faible déviation du plus court chemin (ligne directe).

4.3 Découverte de routes et contrôle d'admission

Un capteur disposant de données à transmettre à une destination (capteur ou station de base), inspecte dans un premier temps sa table de routage à la recherche d'un relais qui serait associé à la destination en question. Si aucune entrée ne correspond, il déclenche l'opération de découverte du chemin de routage. Cette opération comprend les étapes suivantes :

i) Le capteur transmet un paquet de découverte de chemin (RREQ) à son relais qui fournit la plus grande valeur de la métrique composite. Le message RREQ contient entre autres la bande passante requise par le flux et la bande passante disponible sur le lien sans fil qui a servi à le transmettre.

ii) A la réception d'un paquet RREQ, le capteur vérifie s'il dispose d'une entrée active dans sa table de routage associée à la destination du paquet. Si tel est le cas, il répond par un message réponse de route (RREP) à destination du capteur source ayant initié la découverte de chemin. Si le capteur ne dispose pas de route vers la destination demandée il réalise les opérations de l'étape (i).

iii) Les messages RREQ (respectivement RREP) cumulent les informations sur la bande passante disponible sur le chemin parcouru vers la station de base (respectivement la source). Ainsi, les capteurs intermédiaires peuvent mettre à jour leur table de routage par insertion ou mise à jour de l'entrée correspondant au relais associé à la station de base (respectivement la source). La bande passante partielle portée par les messages RREQ et RREP servira de critère pour admettre ou rejeter les nouveaux flux.

iv) Un timer permet de notifier le capteur des messages RREQ non accusés par des paquets RREP, ces messages sont retransmis pour un nombre de fois prédéterminé avant de rejeter le flux qui demande à être servi.

Quant un capteur ne peut transmettre un message RREQ, pour raison de fortes contraintes sur la bande passante résiduelle exigée par un flux donné, il envoie un message de notification à la source ayant initié l'opération de découverte de chemin. Le capteur à l'origine de cette opération peut ainsi décider de réduire ses exigences en terme de bande passante ou bien peut temporiser les paquets de données pour un certain temps en espérant que l'état du réseau s'améliorera et que les exigences seront satisfaites.

5 Résultats numériques

Pour nos expérimentations nous avons réalisé des simulations du protocole QGRP en utilisant le simulateur d'évènements discrets NS 2.34 [107] en parallèle au protocole AODV[18]. Plusieurs articles utilisent AODV pour comparer les performances des protocoles proposés pour RCSF, bien que ce dernier soit un protocole de routage destiné aux réseaux Ad-Hoc. Les concepts mis en relief par QGRP peuvent être introduits dans d'autres protocoles réactifs afin d'en améliorer les performances.

Nous comparons les performances de QGRP face au protocole AODV sur la base de six critères de performances, qui sont le débit, le taux de livraison de paquets (Packet Delivery Ratio), le délai de bout-en-bout, l'énergie résiduelle des capteurs, l'efficacité énergétique et la déviation énergétique standard du RCSF.

Les définitions adoptées pour les critères de la performance énergétique sont :

- Efficacité énergétique : Définie comme le ratio de l'énergie totale dissipée par l'ensemble des capteurs sur le nombre de paquets reçus à la station de base. Plus grande est l'efficacité énergétique, plus faible est l'efficacité du protocole. En cas de protocoles à efficacités énergétiques équivalentes, le protocole ayant la plus grande PDR est privilégié.

- Déviation énergétique standard : représente la variation moyenne de l'énergie résiduelle de tous les capteurs du réseau en fin de simulation.

Les simulations réalisées le sont avec des capteurs équipés de transceivers RF d'une portée de 250 m ainsi que d'une implémentation IEEE 802.11 avec DCF pour la couche d'accès au médium. Les capteurs disposent d'un budget énergétique de 40 $Joules$ et sont aléatoirement déployés dans une zone géographique d'une surface de 10^6 m^2. Nous avons développé des scénarios de simulation pour des topologies de 90, 100, 110 et 120 capteurs avec des flux de $0, 5$, $0, 4$ et $0, 2$ $Mbit/s$ injectés aléatoirement dans le réseau. Afin d'éviter le biais qui pourrait résulter d'un scénario favorable à un protocole et non à l'autre, nous avons répété les simulations 100 fois et recueilli les résultats de simulations pour les différents critères de performance considérés. Pour trouver les valeurs optimales des paramètres α et β nous avons réalisé des simulations avec des valeurs différentes. Nous avons affecté à ces deux paramètres les valeurs qui permettent à QGRP d'avoir un comportement optimal en termes des critères de performances citées plus haut. Ainsi, les valeurs affectées sont respectivement de $0, 7$ et $0, 3$.

La FIGURE 8 montre que QGRP surpasse AODV en termes de débit réalisé. Ainsi, QGRP réalise une performance qui dépasse AODV de 17,56% pour la topologie avec 110 capteurs. Le protocole proposé atteint un débit maximal de 530,155 Kbit/s pour les scénarios avec 100 capteurs. Tandis qu'AODV réalise sa plus mauvaise performance pour les scénarios avec 120 capteurs, le débit atteint est alors de 425,503 Kbit/s.

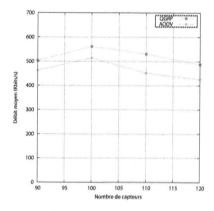

FIGURE 8 – Débit moyen, QGRP vs AODV.

Les performances réalisées par QGRP sont justifiées par le fait que les capteurs qui violent les contraintes sur la bande passante résiduelle sont exclus de la liste des relais par élagage du réseau. Par contre, AODV choisit les chemins de routage en fonction du nombre de sauts, et ce, indépendamment de la bande passante disponible sur ces chemins. Finalement, le contrôle d'admission que réalise QGRP permet de prévenir toute dégradation de qualité de service pour les flux déjà servis, ce n'est pas le cas d'AODV, dont les mauvaises performances peuvent être en partie dûes aux dégradations subies par les flux servis lors de l'admission de nouveaux flux. Il est intéressant de noter que malgré une capacité de canal (théorique) de 2 *Mbit/s* offerte par le standard IEEE 802.11, les collisions, la congestion et la contention intra-flux réduisent de façon significative le débit offert par le RCSF.

La métrique de routage composite est maximisée par les voisins qui entraînent une faible déviation de la ligne virtuelle directe entre le capteur qui dispose d'un paquet à transmettre et la station de base. Cette vision de progression géogra-

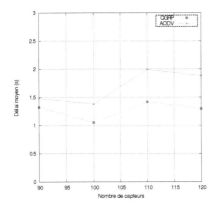

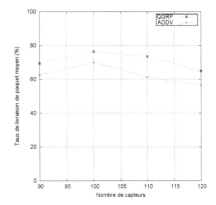

FIGURE 9 – Délai moyen QGRP vs AODV.

FIGURE 10 – PDR moyenne, QGRP vs AODV.

phique raccourcit la distance euclidienne que le paquet a besoin de parcourir avant sa réception à la base et réduit par conséquent les délais de transmission associés. Ainsi, comme le montre la FIGURE 9, QGRP offre aux flux servis un délai moyen de $1,05$ s pour les scénarios avec une topologie de 100 capteurs. AODV, et pour la même topologie, atteigne un délai moyen de $1,38$ s. Les performances de AODV en termes de délai moyen sont améliorées respectivement de 45% et $40,65$% pour les topologies de 110 et 120 capteurs. Les résultats de taux de livraison de paquets (ou PDR) résumés par la FIGURE 10 sont en corrélation avec les performances de débit moyen des protocoles QGRP et AODV. La meilleure performance de QGRP de l'ordre de $76,35$% de paquets correctement reçus par la station de base correspond aux scénarios avec topologie de 100 capteurs.

QGRP est un protocole de routage réactif sensible à la consommation énergétique des capteurs. En cette qualité, les capteurs ayant peu affecté leurs réserves d'énergie seront sollicités pour le transfert des messages et par conséquent, la charge sera équitablement répartie entre les capteurs. Cette répartition équitable permettra d'étendre la durée de vie du réseau de capteurs sans fil et évitera son partitionnement. Comme le montre la FIGURE 11, le protocole QGRP, comparé à AODV, est énergétiquement plus efficace. Ainsi, les performances réalisées par AODV pour les topologies de 110 et 120 capteurs sont améliorées respectivement de 22, 76% et 17, 74%. Ces performances sont dûes au fait que le contrôle d'admission couplé au routage géographique réalisé par QGRP permettent de transmettre plus de paquets tout en dépensant moins d'énergie.

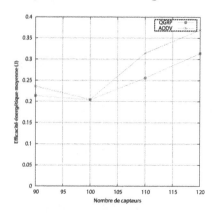

FIGURE 11 – Efficacité énergétique moyenne, QGRP vs AODV.

Les figures 12 et 13 corroborent cette justification. En effet, comme le montre la FIGURE 12 illustrant l'énergie résiduelle moyenne du réseau, QGRP consomme moins d'énergie qu'AODV bien que le débit associé est plus grand. Les mauvaises performances de QGRP par rapport aux scénarios avec une topologie de 100 capteurs peuvent être justifiées par le fait que c'est pour cette topologie que ce dernier réalise ses meilleurs performances en termes de délai et de débit ce qui impacte sa consommation énergétique. Finalement, et comme le soutiennent les résultats présentés dans la FIGURE 13, le mécanisme de répartition de charge que QGRP utilise (à travers sa métrique de routage) lui permet d'avoir une répartition homogène de l'énergie résiduelle au sein du réseau de capteurs sans fil tout en surpassant les performances d'AODV.

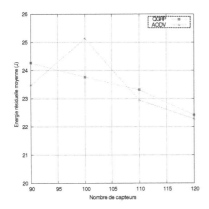

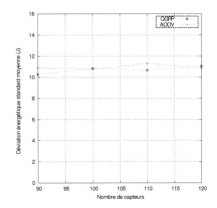

FIGURE 12 – Energie résiduelle, QGRP vs AODV.

FIGURE 13 – Déviation énergétique standard moyenne, QGRP vs AODV.

6 Conclusion et perspectives

Dans ce chapitre nous avons décrit le fonctionnement du protocole QGRP. Ce dernier est un protocole géographique réactif sensible à la consommation d'énergie qui supporte les exigences de qualité de services en termes de bande passante disponible et d'énergie caractérisant les réseaux de capteurs sans fil multimédia. Le protocole proposé est comparé à AODV sur la base de plusieurs critères de performance et s'avère plus performant que ce dernier pour les différents scénarios de simulation considérés. Nous envisageons d'améliorer QGRP par l'introduction du support de la mobilité des capteurs. Ainsi, on envisage de recourir à une nouvelle métrique de routage qui intègre la notion de mobilité. Bien que la vélocité des capteurs semble la candidate intuitive, nous nous intéressons plutôt à des paramètres qui reflètent indirectement la mobilité des capteurs et qui sont simples à estimer voire inférer : qualité des transmissions, stabilité du voisinage, etc. Il est à noter que la mobilité des capteurs en affecte l'énergie résiduelle et peut engendrer une diminution de la bande passante disponible suite à l'augmentation des interférences. Ces effets de la mobilité sont aussi à considérer pour les futures extensions du protocole QGRP.

QDGRP

1 Introduction

Les protocoles de routages sont répartis en différentes catégories selon le critère de classification adopté [3]. Ainsi, on parle de protocoles : plats, hiérarchiques selon la topologie du réseau. De même, il existe des protocoles orientés requêtes et d'autres avec support de qualité de service en fonction des opérations réalisées. Finalement, le mode de construction et de mise à jour des chemins de routage est un critère de distinction entre protocoles réactifs [61, 87], proactifs [31] et hybrides [62]. Contrairement aux protocoles proactifs, qui construisent les chemins de routage de façon périodique, les protocoles réactifs construisent les chemins uniquement quand le capteur dispose de données à transmettre. L'approche hybride combine une composante proactive et une autre réactive. Pour les RCSF stationnaires les protocoles réactifs et hybrides sont plus adaptés en raison de leur faible coût en termes de communication (nombre réduit de paquets de contrôle échangés) et de chemins de routage stockés (seuls les chemins pour les destinations actives sont maintenus). Nous proposons un protocole de routage avec qualité de service basé sur une adaptation de l'algorithme Distributed Genetic Algorithm. Le protocole QDGRP [48] proposé supporte des contraintes sur les délais de transmission de bout en bout et l'énergie résiduelle des capteurs.

Ce chapitre commence par présenter la théorie des algorithmes génétiques ainsi que l'algorithme DGA dans la section 2. Ensuite, nous décrivons le fonctionnement détaillé du protocole QDGRP proposé dans la section 3. Les résultats des simulations réalisées pour analyser les performances du protocole sont détaillés et discutés dans la section 4 pour ensuite conclure le chapitre avec la section 5.

2 Algorithmes génétiques

2.1 Structure des algorithmes génétiques

Les algorithmes génétiques [96, 51, 66] sont des heuristiques itératives d'optimisation qui imitent le processus d'évolution et dont l'objectif est d'approximer une solution optimale d'un espace de recherche. A cet effet, aux solutions potentielles du problème d'optimisation on fait correspondre une population d'individus (ou chromosomes) S. Les individus sont encodés en une séquence de gènes reflétant les caractéristiques de chaque solution. Ils subissent des opérations génétiques de variations pour obtenir de nouveaux individus qui viennent enrichir la population, ainsi que des opérations de sélection pour en garder uniquement les individus les plus aptes et ceux aux caractères enrichissants. D'une itération à la suivante, la qualité des individus est améliorée par rapport à une fonction d'évaluation. Les opérateurs génétiques sont :

- Opérateur de sélection et fonction de performance : L'opérateur de sélection permet de contrôler la taille de la population en l'empêchant de croître à l'infini et ce, par élimination des individus qui ne sont plus considérés comme solutions potentielles. La sélection est guidée par une fonction de performance $f : S \to \mathbb{R}$, qui reflète le degré de proximité avec la solution optimale désirée.

- Sélection par loterie biaisée (roulette wheels) : La probabilité pour un individu d'être sélectionné est proportionnelle à sa performance. Ainsi, plus les individus sont adaptés au problème, plus ils ont de chances d'être sélectionnés. A titre d'illustration on pourrait faire correspondre à cette approche une "roue du forain" composé de plusieurs secteurs qu'on fait correspondre aux individus de la population. Ainsi, plus l'individu est adapté au problème plus sa portion de la roue est grande. On fait tourner la roue et quand elle cesse de tourner on sélectionne l'individu correspondant au secteur désigné par le curseur de la roue. En raison du facteur hasard, la sélection par loterie biaisée ne peut garantir la sélection des individus les plus aptes.

- Sélection par tournois : un tirage avec remise de deux individus d'une population courante est réalisé, et c'est l'individu le plus performant qui est sélectionné. Le processus est réitéré plusieurs fois pour sélectionner les individus qui s'ajouteront à la population.

• Opérateur de croisement : L'opérateur de croisement exploite des individus (parents) de la population courante pour produire des individus qui viendront s'ajouter à la population. Les chromosomes parents s'échangent des parties en vue de construire une progéniture d'individus. Ainsi, le processus est orienté vers les régions prometteuses de l'espace de recherche. Divers possibilités de croisement sont envisagées, on parle ainsi de croisement à point unique par opposition au croisement à point multiple selon le nombre de points de croisement.

• Opérateur de mutation : De nouveaux individus sont périodiquement crées en infligeant aux niveaux des gènes des changements aléatoires à un ou plusieurs individus de la population courante. L'opérateur de mutation est un bruit qui est introduit pour éviter la convergence prématurée vers des optimums locaux.

- Opérateur de remplacement : L'opérateur de remplacement permet de limiter la taille de la population tout en enrichissant cette dernière par les nouveaux individus issus de l'opération de croisement. On cite entre autres, les approches :

  - Le remplacement de génération : Un ensemble d'individus de la population d'origine est aléatoirement choisi pour être remplacé par la génération fille obtenue par croisement.

  - Le remplacement steady-state : chaque progéniture de la nouvelle génération remplace les individus de la génération parente qui ont les performances les plus faibles.

Les algorithmes génétiques sont classifiés en variantes centralisées et parallèles. La différence majeure réside dans le fait que pour les algorithmes parallèles la population et subdivisée en plusieurs sous populations qui évoluent indépendamment en subissant des opérations génétiques. Aux opérations génétiques traditionnelles s'ajoute une opération de migration et qui périodiquement permet à certains individus de quitter leurs sous populations respectives en vue d'enrichir d'autres. Cependant les deux catégories d'algorithmes requièrent une connaissance globale de toute les composantes du problème optimisé. Une telle connaissance peut s'avérer non réaliste dans certains contextes d'application, notamment pour le problème de routage avec qualité de service pour réseaux de capteurs-sans fil. En effet, pour les RCSF, la non fiabilité des liaisons sans fil et la mobilité des capteurs ainsi que leur nombre élevé sont autant de facteurs qui rendent difficile l'accès à une telle vison instantanée de l'état du réseau.

Les auteurs de [100] formalisent un problème d'optimisation dont l'objectif et de trouver le chemin optimal de fusion de données pour un agent mobile réalisant des tâches de suivi de cible. Un algorithme génétique pour la planification d'itinéraire au sein des RCSF est ainsi développé. Dans l'article [82], est proposé un algorithme génétique multi-objectifs pour le routage sensible à la consommation d'énergie. Le protocole proposé prend en considération les contraintes QoS sur les paramètres de : délai, bande passante disponible et de consommation d'énergie pour les RCSF multimédia. L'approche génétique d'optimisation multi-objectifs produit plusieurs chemins non dominés et qui forment un front pareto-optimal. Afin de créer la population initiale d'individus le protocole opère une recherche en profondeur. Les auteurs de [78] développent un framework d'optimisation multi-objectifs faisant usage d'agents mobiles qui visitent des capteurs pour réaliser une fusion incrémentale des données. L'ordre de visite des capteurs influence la qualité et le coût de l'opération de fusion de données.

2.2 Algorithme DGA

L'algorithme Distributed Genetic Algorithm (DGA) [57, 58, 25] a été proposé pour répondre aux limitations inhérentes des algorithmes génétiques traditionnels (centralisés et parallèles). DGA combine les concepts génétiques et l'algorithme ACO en introduisant la notion d'agents génétiques. Chaque agent représente un chemin de routage inscrit dans sa séquence de gènes. Pour découpler DGA de la structure du réseau auquel il est appliqué et le décharger de la nécessité d'avoir une vision globale de ce dernier. Les nœuds du chemin sont codifiés en termes de positions par rapport à leur voisin et non en utilisant leurs identifiants. Inspiré par [21], chaque capteur maintient une population d'agents génétiques, lancés périodiquement pour parcourir le chemin de routage qu'ils représentent et recueillir les statistiques sur la durée du trajet associé. Quand ils atteignent leurs destinations, les agents génétiques sont alors convertis en agent backward et reprennent le chemin inverse vers la source qui les a lancés. La mutation a lieu quand un agent génétique essaie de retourner au voisin qui l'a transmis. Le gène correspondant à ce voisin est aléatoirement remplacé par une nouvelle position. Une fois que quatre agents génétiques retournent à la source, l'opérateur de selection est exécuté et prend la forme d'un tournoi : les deux plus mauvais individus sont remplacés par la progéniture des deux individus les plus aptes. Les individus les plus adaptés sont autorisés à migrer périodiquement entre les nœuds voisins. Le premier gène de l'individu le plus apte indique au capteur source la position du capteur voisin pour lequel tous les paquets à destination de la station de base seront transmis.

Position du prochain capteur dans la liste des voisins.

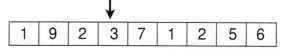

FIGURE 14 – Séquence de gènes d'un agent génétique.

3 QDGRP, protocole de routage avec QoS basé sur l'algorithme DGA

Le protocole QDGRP proposé est un protocole de routage hybride qui se base sur AODV [18] pour la composante réactive ainsi qu'une version customisée de l'algorithme DGA pour la composante proactive. Nous décrivons ci-dessous le contexte d'application et les pré-requis de l'utilisation de QDGRP pour passer en détail les opérations du protocole DGA adapté.

Nous considérons un ensemble de $\mathcal{N}$ capteurs déployés aléatoirement dans une zone géographique d'intérêt pour superviser un phénomène physique donné. Les

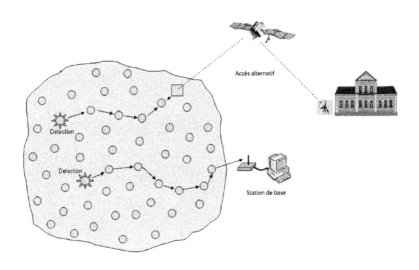

FIGURE 15 – Réseau de capteurs sans fil.

capteurs rapportent les informations détectées vers une station de base à travers un protocole de routage multi-sauts (voir FIGURE 15). Le RCSF est représenté par un graphe non-orienté $\mathcal{G} = (V, E)$, où $V = (v_1, v_2, \dots, v_N)$ est l'ensemble de capteurs et $E = \{e_{ij}\}_{v_i,v_j \in V}$ l'ensemble de liaisons sans fil entre les différents capteurs. Notre objectif est de trouver des chemins de routage $(v_s, v_1, v_2, \dots, v_d)$, $v_i \in V$ reliant une source (v_s) et une destination (v_d).

Pour fonctionner correctement le protocole QDGRP requiert les pré-requis suivants :

i) Les capteurs sont équipés de matériel de localisation et sont ainsi capables de déterminer avec exactitude leur position dans la zone géographique de déploiement.

ii) Les capteurs s'échangent périodiquement des paquets Hello qui contiennent entre autres leur énergie résiduelle et position géographique. L'échange de ces paquets permet à tout capteur de connaître l'énergie résiduelle et de localiser les capteurs dans son voisinage à une période d'échange de paquets hello près. Les capteurs s'engagent à communiquer les informations correctes sur leur position et leurs réserves d'énergie.

iii) Les capteurs sont de nature homogène et disposent de transceivers identiques, ainsi, les liaisons sans fil sont symétriques et permettent à toute paire de capteurs voisins de communiquer dans les deux sens.

3.1 Description de la composante proactive de QDGRP

Comme signalé dans le chapitre 1, les propositions de protocoles de routage pour réseaux filaires ne peuvent être directement projetées dans le contexte des réseaux sans fil, et à fortiori de celui des réseaux de capteurs sans fil. L'algorithme DGA ne déroge pas à cette règle et nécessite par conséquent une adaptation en vue de l'intégrer comme composante proactive du protocole QDGRP. L'adaptation de DGA couvre plusieurs aspects décrits dans les paragraphes suivants.

Génération des agents génétiques

Dans la version adaptée de DGA, la génération des agents génétiques incombe désormais à la station de base. Ainsi, cette dernière lance périodiquement des agents génétiques qui traversent le RCSF et occasionnent la mise à jour des tables de routage au niveau des capteurs traversés. Limiter la génération des agents génétiques à la station de base trouve sa justification dans les trois arguments suivants :

- Tout d'abord, disposer d'une population initiale d'agents génétiques diversifiée (en termes de caractéristiques) accélère la convergence vers les solutions optimales. Pour garantir la diversité des agents on procède à des opérations de vérification de similarité et de régénération des séquences de gènes des individus. Ces tâches s'avèrent gourmandes en termes d'énergie et de capacité de calcul. La station de base est ainsi un environnement adéquat pour l'exécution de ces opérations par rapport avec les capteurs dont les ressources sont limitées.

- De plus, permettre à tout capteur recevant un agent génétique de mettre à jour ses tables de routage a pour conséquence de réduire de façon drastique la charge du protocole en termes de communication et d'énergie et accélère la disponibilité des informations au niveau des capteurs. Dans la version DGA proposée par Liang et contrairement à notre version modifiée, seul le nœud ayant initialisé l'envoi des agents en profite pour mettre à jour sa table de routage.

- Le dernier argument qui appuie notre choix est le modèle de communication particulier des RCSF. Contrairement aux réseaux Ad-Hoc, l'objectif des RCSF et d'acheminer les données détectées vers la station de base qui sert de point de collecte à toute les données des capteurs relatives au phénomène supervisé. Ainsi, tous les capteurs se trouvent dans l'obligation de disposer de chemins de routage vers la station de base. La modification introduite au niveau du protocole DGA permet de réduire la charge de routage qui pourrait avoir lieu si chaque capteur essaye de trouver un chemin vers la base en factorisant ces opérations et en les limitant à cette dernière.

Implémentation des opérateurs génétiques

Nous avons adaptés les opérateurs génétiques de DGA pour les rendre compatibles avec les particularités des RCSF.

- *Opérateur de sélection et fonction d'évaluation :* Suite à la réception d'un agent génétique, le capteur se met en attente pour une période prédéterminée avant de lancer l'opération de sélection sur la population d'agents reçus durant cette période. La sélection est réalisée selon la fonction de performance suivante :

$$\forall v_i \in V, \ g(v_i) = \frac{1}{D(v_i)} \frac{\sum\limits_{s \in (BS,...,v_i)} E(v_i)}{H(v_i)} \tag{4}$$

Les composantes $E(v_i)$, $H(v_i)$ et $D(v_i)$ de la fonction de performance représentent l'énergie résiduelle des capteurs, le nombre de sauts et le délai associé au chemin parcouru par l'agent génétique. Les individus dont les chemins enfreignent les contraintes de délai et/ou d'énergie résiduelle sont supprimés dès réception et ne continuent pas le parcours du réseau.

- *Opérateur de mutation :* Divers scénarios donnent lieu à l'exécution d'opérations de mutation notamment :

  - En cas de réception d'un paquet qui demande à être retransmis au voisin par lequel il a été reçu.

  - Si la position inscrite dans la séquence de gène dépasse le nombre de voisins du capteur courant.

  - Si le capteur voisin dont la position est inscrite au niveau de la séquence de gènes ne dispose pas de ressources énergétiques suffisantes ou bien ne sera pas en mesure d'assurer une progression géographique à ses paquets de données à destination de la station de base. Ce dernier cas est représenté par la FIGURE 16 : le troisième voisin du capteur A dans le sens horaire est C, toutefois en cas de réception d'un agent génétique par A à destination de C, l'opérateur de mutation sera exécuté. En effet, le capteur A ne pourra pas garantir une progression géographique positive aux paquets de données issues de C.

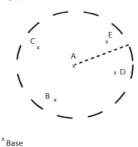

FIGURE 16 – Opération de mutation.

- *Opérateur de croisement :* Nous adoptons un mode de croisement à point unique qui est réalisé sur les agents génétiques reçus. la sous-séquence de gènes de tous ces individus en partant du premier voisin de la station de base au capteur courant est remplacée par la sous-séquence de l'individu le plus apte (voir FIGURE 17).

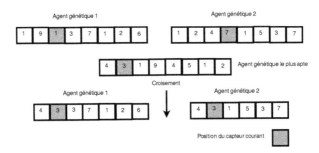

FIGURE 17 – Opération de croisement.

4 Résultats numériques

Nous présentons les résultats des différentes simulations réalisées afin d'évaluer les performances du protocole QDGRP. Nous avons implémenté le protocole QDGRP au sein du simulateur à évènements discrets NS 2.34 [107]. Ainsi, nous avons comparé le protocole proposé à AODV sur la base de quatre critères de performance :

- Efficacité énergétique.

- Débit.

- Taux de livraison de paquets (PDR).

- Délai de bout-en-bout.

Nous avons développé des scénarios de simulation pour des réseaux de capteurs sans fil composés respectivement de topologies avec 80, 90, 100, 110 et 120 capteurs, déployés aléatoirement dans une zone géographique d'une surface de 1000 m^2. Cinq flux Constant bit rate à destination de la station de base avec source et top de départ aléatoires sont introduits dans le RCSF simulé. Les capteurs simulés sont équipés de batteries avec une charge initiale de 400 *Joules*. Afin d'éviter le biais qui pourrait résulter d'un scénario favorable à un protocole et non à l'autre, nous avons répété les simulations 100 fois pour diverses configurations réseaux et caractéristiques de flux CBR.

Les performances des algorithmes génétiques en général et de QDGRP en particulier dépendent fortement des paramètres utilisés notamment : la taille de la population, le nombre de gènes de chaque individu, la fréquence des opérations de sélection et de croisement, etc. Nous avons réalisé plusieurs simulations afin de déterminer la combinaison optimale de ces facteurs que nous présentons dans la TABLE 5.

Paramètre	valeur
Taille de la population d'agents génétiques	4
Nombre de gènes	30
Durée de la phase de sélection	0.1 s
Fréquence de lancement des agents génétiques	12 s

TABLE 5 – Paramètres QDGRP.

Comme le montre la FIGURE 18, QDGRP surpasse AODV et réalise un délai

0.2 s pour les scénarios avec des topologies de 80 et 120 capteurs. La plus mauvaise

performance de AODV est atteinte pour la topologie avec 120 capteurs. Elle est

de l'ordre de 0.5 s. Les performances de QDGRP sont justifiées par le fait que

les agents génétiques (correspondants à des chemins de routage vers la station

de base) sont entre autres évalués sur la base des délais de transmission associés.

Ainsi, les individus ayant parcouru les chemins avec les plus cours délai sont jugés

plus aptes et vont survire à l'opération de sélection. De plus, la disponibilité de

chemins de routage vers la station de base obtenus de façon périodique à partir

des agents génétiques reçus, permet à certains capteurs de se passer de la phase

de découverte de chemin et réduit par conséquent le délai de transmission des

paquets.

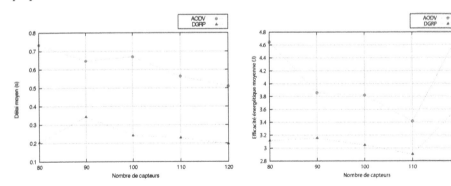

FIGURE 18 – Délai de bout-en-bout moyen QDGRP vs AODV.

FIGURE 19 – Efficacité énergétique moyenne QDGRP vs AODV.

QDGRP est un protocole hybride sensible à la consommation d'énergie. Ainsi, les capteurs ayant consommé une faible portion de leurs énergies seront privilégiés pour les opérations de routage. La composante proactive de QDGRP permet de réduire considérablement la charge de routage en informant périodiquement les capteurs de chemins disponibles vers la station de base sans que ces derniers ne lancent des opérations de découverte de chemin. Cela permet de réduire le nombre de paquets de contrôle échangés et augmente la disponibilité de chemins en vue de servir les flux de données le plus rapidement possible. La FIGURE 19 montre que le protocole QDGRP est énergétiquement plus efficace qu'AODV, ainsi, pour les scénarios avec des topologies de 80 et 120 capteurs, QDGRP surpasse les performances d'AODV respectivement par : $32,84\%$ et $23,87\%$.

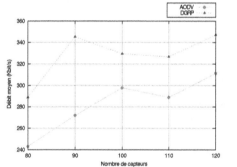 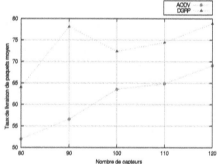

FIGURE 20 – Débit moyen QDGRP vs AODV.

FIGURE 21 – Taux de livraison de paquets moyen QDGRP vs AODV.

Les performances en termes de débit et de taux de livraison de paquets décrits respectivement dans les figures 20 et 21 sont cohérentes. Le protocole QDGRP, comparé à AODV, améliore le débit achevé par $26,94\%$ pour les topologies avec 90 capteurs. La performance associée et de $345,157$ $Kbit/s$. Le protocole AODV réalise la plus mauvaise performance pour la topologie avec 80 capteurs et atteigne seulement un débit de $243,198$ $Kbit/s$. Pour ce qui est du taux de livraison des paquets, la performance maximale est achevée par QDGRP avec 79% de paquets correctement reçus à la station de base pour les scénarios avec une topologie de 120 capteurs.

5 Conclusion et perspectives

Le protocole hybride QDGRP adapte l'algorithme DGA au contexte des réseaux de capteurs sans fil et permet aux capteurs un accès périodique aux chemins de routage vers la station de base. L'adaptation de DGA prend en considération l'énergie limitée des capteurs ainsi que le mode de communication propre aux RCSF. Nous avons comparé le protocole QDGRP à AODV et fourni les résultats de simulation relatives à quatre critères de performance : efficacité énergétique, débit, taux de livraison de paquets (PDR), et délai de bout-en-bout. Les simulations entreprises attestent des performances élevées de QDGRP. Les améliorations potentielles du protocole QDGRP couvrent entre autres les aspects suivants :

- Adoption d'une approche d'optimisation multi-objectifs et accommoder l'algorithme génétique en fonction.
- Prospection de nouvelles fonctions de performances.
- Ajout du support de la mobilité des capteurs.

Contrôle optimal de puissance

1 Introduction

Grâce à la diversité de leurs domaines d'application, les réseaux de capteurs sans fil multimédia sont prédestinés à devenir partie intégrante de nos activités quotidiennes [2, 4, 27]. Pour cette variante de RCSF, les contraintes sévères en termes de bande passante, de délai, de capacité de calcul et de traitement imposés par les flux de données multimédia transportées (images, séquences vidéo, flux audio) font du support de la qualité de service une nécessité. Comme le montre la FIGURE 22, les RCSF sont classifiés selon le critère de topologie en des réseaux plats et hiérarchiques. L'introduction du paradigme de hiérarchie dans les RCSF a pour avantage de prolonger la durée de vie des capteurs, de réaliser des opérations de fusion et d'agrégation de données, etc. En effet, les communications sont limitées aux capteurs appartenant au même cluster (groupe), ainsi le nombre de messages échangés est largement réduit. De plus comme toute communication avec un capteur d'un cluster différent passe impérativement par les têtes des clusters concernés, il est possible d'agréger les données relatives aux phénomènes physiques détectés et de les fusionner pour produire de l'information cohérente et éviter la redondance. L'énergie dissipée est ainsi réduite et la durée de vie des capteurs prolongée.

71

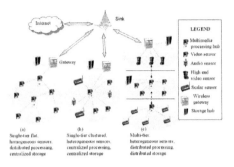

FIGURE 22 – Topologies pour réseaux de capteurs sans fil multimédia [2]

L'utilisation de l'énergie renouvelable puisée dans l'environnement de déploiement des réseaux de capteurs sans fil a fait l'objet de nombreux travaux de recherche [88, 85, 39, 38]. En effet, permettre aux capteurs de recharger leurs batteries prolongera la durée de vie du réseau et rendra pratique les déploiements en environnement hostile et inaccessible. Les sources d'énergie renouvelable couvrent le soleil, le vent, les courants maritimes, les vibrations,... Bien que ces sources d'énergie soient inépuisables, il est impératif de faire un usage optimal de l'énergie récupérée et ce pour faire face à la nature périodique (cycles jour/nuit) voire imprévisible (zones de haute pression/zones de faible pression) de certaines sources. Comme la consommation d'énergie est due en grande partie aux opérations de communication, nous nous proposons de développer une politique optimale de transmission pour balancer les objectifs conflictuels que sont la maximisation du débit achevé et la prolongation de la durée de vie des batteries des capteurs.

Le problème de contrôle de puissance de transmission pour réseaux sans fil, avec ses variantes centralisée et décentralisée, est un champ de recherche actif qui a fait l'objet de plusieurs propositions. Ainsi, diverses formalisations mathématiques de ce problème ont été produites et une attention particulière a été dirigée vers les approches basées sur la théorie des processus de décision Markoviens et les outils de la théorie des jeux. Les auteurs de [94], considèrent un problème de contrôle de puissance binaire : à chaque instant de décision le terminal sans fil décide de transmettre avec une puissance constante ou de rester silencieux. Seul le cas d'un terminal unique est considéré et la politique optimale est prouvée être à seuil pour les cas avec contraintes soft et stricte sur le délai. Le problème d'affectation dynamique conjointe du débit/puissance de transmission aux paquets sous contrainte de capacité finie de la file d'attente est traité dans l'article [5]. L'objectif est de minimiser sur le long terme l'énergie moyenne de transmission sujet à une contrainte sur la probabilité de débordement de la file. Ce problème est formalisé à l'aide d'un processus de décision Markovien avec contraintes (CMDP [97]) et la solution analytique est prouvée monotone. Les auteurs de [13] ont présenté un modèle de contrôle de puissance décentralisé pour des canaux radio CDMA à variations stochastiques. Le modèle proposé est basé sur une fonction de coût qui prend en considération la qualité du service offert à chaque utilisateur ainsi que les interférences dont font l'objet les transmissions. Le contrôle de puissance pour un seul utilisateur est généralisé pour les réseaux avec plusieurs utilisateurs en régime asymptotique où le nombre d'utilisateurs ainsi que le facteur d'étalement croissent infiniment mais leur ratio est constant. Dans l'article [91] la théorie des jeux évolutionnistes est mise à contribution pour caractériser la stratégie de transmission d'équilibre d'une cellule sans fil. L'approche développée tient compte de l'incertitude par rapport à l'état du canal radio ainsi que de l'imperfection et le délai qui peuvent survenir lors de l'estimation des valeurs des récompenses associées aux actions des terminaux. Un framework d'apprentissage hétérogène avec support des spécificités technologiques des différents terminaux mobiles est proposé dans [40, 90].

L'objectif du présent chapitre est de proposer une politique de gestion d'énergie optimale pour le problème d'allocation dynamique des puissances de transmission dans un réseau de capteurs sans fil hiérarchique multimédia. En version centralisée, à chaque instant de décision, la station de base fixe les puissances de transmission de l'ensemble des capteurs. Pour l'approche décentralisée, cette tâche relève des capteurs et doit être réalisée à base d'informations locales : niveaux d'énergie de la batterie du capteur. L'objectif est de maximiser le débit espéré tout en prolongeant la durée de vie des batteries. A cette fin, nous développons un modèle stochastique qui décrit le processus d'épuisement des batteries à capacité limitée ainsi que le processus de déchargement/chargement des batteries équipées de cellules photovoltaïques.

La section 2 fournie une formulation mathématique du problème de contrôle dynamique centralisé [49, 42] des puissances de transmission pour réseaux de capteurs sans fil hiérarchiques multimédia à l'aide du formalisme mathématique des processus de décision Markovien. Les politiques optimales de transmissions sont développées dans les sections 5 et 6. Finalement, la section 7 a pour objectif de conclure le chapitre et d'annoncer les perspectives d'amélioration des travaux de recherches présentés.

2 Problématique

Nous considérons un RCSF multimédia (voir FIGURE 22) composé de plusieurs capteurs, déployés aléatoirement dans une zone géographique et gérés par une station de base. Ces capteurs sont équipés de batteries et répartissent leurs budgets énergétiques entre les opérations de communication et de détection des évènements supervisés. Les batteries des capteurs sont indexées par des niveaux d'énergie qui permettent d'avoir une description de leurs états. Ainsi, on parle de niveaux :

chargé, moyen, faible, etc. Un pas de discrétisation est alors adopté pour passer d'une description continue (énergie résiduelle) à une description discrète (état), ce dernier correspond à un intervalle de valeurs de l'énergie disponible.

La communication avec la station de base peut être directe pour les capteurs se trouvant en son voisinage, ou par le biais d'unités de traitement multimédia qui servent aussi de têtes de clusters. Pour communiquer, un capteur utilise une puissance de transmission dictée par l'état de sa batterie. Notre objectif est de trouver la politique optimale de transmission qui permet de maximiser le débit tout en augmentant la durée de vie de la batterie. Ces objectifs sont de nature conflictuelle. En effet, pour maximiser le débit il faudra transmettre avec des puissances élevées, ce qui a pour effet d'épuiser l'énergie des batteries et par conséquent de réduire la durée de vie des capteurs. Ainsi, si tous les capteurs se mettaient à transmettre avec une puissance élevée, les signaux ne seraient plus décodables à la réception en raison des interférences.

Le problème, ainsi formulé, est un problème d'optimisation discret à horizon fini. Nous adoptons alors, une formulation mathématique à l'aide des processus de décision Markovien à information complète. La station de base (faisant office de décideur), disposant d'une connaissance des états de l'environnement, des canaux radio et de l'énergie résiduelle de chaque capteur, calcule et communique la politique de transmission optimale pour l'ensemble du réseau. Les capteurs ignorent l'état de leurs voisins ainsi que leurs actions (puissances de transmission).

3 Modèle mathématique

Notons par $\mathcal{N} = \{1, 2, \ldots, n\}$ l'ensemble des capteurs du réseaux et par $\{w_t\}_{t \geq t_0}$ la collection des états de l'environnement à tout instant post t_0. Nous modélisons la batterie d'un capteur j par le processus de décision Markovien suivant.

$$\Omega = \{X^j, (A^j(w, s_j))_{s_j \in X^j, j \in \mathcal{N}, w}, r, q^j\} \tag{5}$$

Les composantes du MDP Ω sont :

- $X^j = \{0, 1, 2, \ldots, m-1\}$ un ensemble fini ordonné d'états de la batterie du capteur j. Comme mentionné plus haut, un état correspond à un intervalle de valeurs d'énergie résiduelle de la batterie. On associe ainsi, à toute batterie plusieurs nivaux d'énergie permettant sa description d'une manière plus abstraite.

- $\forall s_{j,t} \in X^j$, $A^j(w_t, s_{j,t}) = \{p_0, \ldots, p_{s_{j,t}}\}$ un ensemble fini de puissances de transmission disponible pour le capteur j quand sa batterie est à l'état $s_{j,t}$. Le choix des puissances de transmission est plus riche aux états élevés de la batterie, ainsi, on a $A^j(w_t, s_{j,t}-1) \subset A^j(w_t, s_{j,t})$: La station de base détermine pour le capteur j la puissance à utiliser $p_t^j \in A^j(w_t, s_{j,t})$ selon l'état de sa batterie à l'instant t notée $s_{j,t}$.

- $q^j : X^j \rightarrow [0, 1]$ la probabilité de transition de la batterie du capteur j. Etant donné l'état de l'environnement w_t, l'état de la batterie $s_{j,t}$, l'état du canal radio $c_{j,t}$ au voisinage du capteur j et des actions des autres capteurs : $p_t^{-j} = (p_t^1, p_t^2, \ldots, p_t^{j-1}, p_t^{j+1}, \ldots, p_t^n)$ le nouvel état de la batterie est $(s_{j,t+1}, c_{j,t+1})$ avec la probabilité $q^j((s_{j,t+1}, c_{j,t+1})|(s_{j,t}, c_{j,t}), p_t^j, p_t^{-j})$.

- $r^j : X^j \times A^j \rightarrow \mathbb{R}$, chaque capteur reçoit une récompense (gain) immédiate $r_t^j(s_{j,t}, p_t^j)$ pour avoir choisi la puissance de transmission p_t^j à l'instant t. La récompense reflète l'impact de la puissance de transmission choisie sur la durée de vie de la batterie ainsi que le débit achevé.

$$r_t^j(s_{j,t}, p_t^j) = (1 - \frac{1}{T^j(s_{j,t}, p_t^j)})Thp_j(\eta_t, p_t) \tag{6}$$

Soit $\eta_t = (w_t, s_{1,t}, c_{1,t}, \ldots, s_{n,t}, c_{n,t})$ le profil des états du RCSF à l'instant t. Le profil des actions du système est donné par : $p_t = (p_t^1, \ldots, p_t^n)$, avec $\forall j \in \mathcal{N}, p_t^j \in A^j(w_t, s_{j,t})$. Quand $w_t = 0$, le Signal to Interference-plus-Noise Ratio (SINR) du capteur j est null. Pour $w_t \neq 0$, le SINR du capteur j est donné par :

$$SINR_j(\eta_t, p_t) = \frac{p_t^j h_j(w_t, s_{j,t}, c_{j,t})}{N_0 + \sum_{i \neq j} p_t^i h_i(w_t, s_{i,t}, c_{i,t})} \tag{7}$$

Où $h_j(w_t, s_{j,t}, c_{j,t})p_t^j$ représente la puissance de transmission reçue à la station de base (ou par la tête du cluster), étant donné, que l'état de la batterie est $s_{j,t}$ et l'état du canal radio est $c_{j,t}$. p_t^j est la puissance de transmission du capteur j et $h_j(w_t, s_{j,t}, c_{j,t})$ est une fonction de l'état du canal radio, N_0 est la variance du bruit. Le débit du capteur j à l'instant t est une fonction croissante du $SINR_j(\eta_t, p_t)$.

$$Thp_j(\eta_t, p_t) = f^j(SINR_j(\eta_t, p_t)). \tag{8}$$

avec $\forall j$, $f^j(0) = 0$. Dans nos travaux, nous adoptons pour f^j la fonction de capacité de Shannon [23], ainsi : $f^j(SINR_j(\eta_t, p_t)) = \log(1 + SINR_j(\eta_t, p_t))$.

4 Modélisation stochastique des batteries des capteurs

4.1 Capteur avec batterie non rechargeable (capacité limitée)

Chaque batterie est initialement en son plus grand niveau d'énergie et selon la stratégie de transmission de chaque capteur $p_t^j \in A^j(w_t, s_{j,t})$, le nouvel état de la batterie est $s_{j,t+1}$ avec la probabilité $q^j(s_{j,t+1}|s_{j,t}, p_t^j)$. Notons que $q^j(s_{j,t+1}|s_{j,t}, p_t^j) = 0$ si $s_{j,t+1} \notin \{s_{j,t}, s_{j,t} - 1\}$. En effet, suite à une transmission avec une puissance p_t^j le niveau de batterie pourra soit rester inchangé ou bien diminuer pour passer à l'état prochain.

La FIGURE 23 schématise les probabilités de transition de la batterie d'un capteur j. Une fois que la batterie atteigne l'état 0 (déchargé) elle y reste et le capteur ne peut plus transmettre, cet état est dit absorbant.

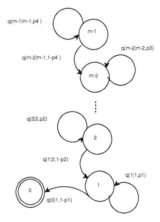

FIGURE 23 – Modèle stochastique de batterie.

Notons que la probabilité de passer d'un état l à un état $l - 1$ croit avec la consommation d'énergie qui résulte du choix de la puissance de transmission ainsi,

$\forall p_t^j, p_t^{'j} \in A^j(w_t, s_{j,t})$:

$$p_t^j > p_t^{'j} \implies q^j(s_{j,t} - 1 | s_{j,t}, p_t^j) > q^j(s_{j,t} - 1 | s_{j,t}, p_t^{'j}) \qquad (9)$$

4.2 Capteur avec batterie rechargeable

Les capteurs font usage de cellules photovoltaïques pour transformer l'énergie solaire en énergie électrique afin de recharger leurs batteries. Ainsi, la batterie d'un capteur donné j passe de l'état $s_{j,t}$ à l'état $s_{j,t} + 1$ avec une probabilité $q^j(s_{j,t+1} | s_{j,t}, p_t^j) = p_{harvest}$, cette valeur est la même pour tous les états en raison de la discrétisation uniforme adoptée pour générer l'espace des états. Suite au choix d'une puissance de transmission $p_t^j \in A^j(w_t, s_{j,t})$, la batterie passe au niveau d'énergie $s_{j,t+1}$ avec la probabilité $q^j(s_{j,t+1} | s_{j,t}, p_t^j)$, notons que $q^j(s_{j,t+1} | s_{j,t}, p_t^j) = 0$ si $s_{j,t+1} \notin \{s_{j,t} + 1, s_{j,t}, s_{j,t} - 1\}$. Si le processus de transformation de l'énergie solaire en énergie électrique est interrompu au-delà d'une période critique, en raison de climat nuageux ou de destruction des cellules photovoltaïques, l'énergie résiduelle de la batterie est dissipée (état 0 atteint) et le capteur est considéré hors service.

La FIGURE 24 représente les probabilités de transitions entre les différents niveaux d'énergie de la batterie d'un capteur équipé de cellules photovoltaïques.

4.3 Temps de séjour dans un état

Notons par $T^j(l, \sigma^j)$ le temps de séjour de la batterie à l'état $l \in \{1, \dots, m-1\}$ étant donnée que le capteur adopte la politique de transmission σ^j. $T^j(l, \sigma^j)$ a

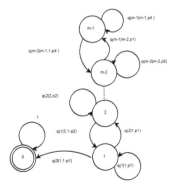

FIGURE 24 – Modèle stochastique du processus de chargement et déchargement de la batterie d'un capteur avec cellules photovoltaïques.

pour expression :

$$
\begin{aligned}
T^j(l, \sigma^j, t_0) &= arg\min_t\{t > t_0 \mid s_{j,t} \neq l,\ s_{j,t_0} = l,\ \sigma^j\} \\
&= 1 + q^j(l|l, p^j_{t_0})T^j(l, \sigma^j, t_0 + 1).
\end{aligned}
$$

Quand p^j_t dépend uniquement de l'état de la batterie et non du temps, le temps de séjour peut être reformulé comme suit :

$$
T^j(l, \sigma^j) = \frac{1}{q^j(l-1|l, \sigma^j) + q^j(l+1|l, \sigma^j)} \tag{10}
$$

4.4 Durée de vie d'un capteur avec batterie non rechargeable

Pour les capteurs non équipés de cellules photovoltaïques, la batterie se trouve initialement à l'état $m-1$ et au fur et à mesure que le temps évolue, l'énergie résiduelle s'épuise pour atteindre l'état zéro. Ainsi, la durée de vie de la batterie est donnée par :

$$T^j(\sigma^j) = T^j(m-1, \sigma^j) + T^j(m-2, \sigma^j) + \ldots + T^j(1, \sigma^j). \qquad (11)$$

Notons que $T^j(0) = T^j = T_{\max}$ représente la durée de vie maximale de la batterie et qui correspond à une politique d'abstention de transmission. Comme la batterie du capteur se décharge même si ce dernier décide de ne rien transmettre et de réaliser des tâches de détection d'évènement voire de sondage du canal radio, nous nous intéressons à calculer les probabilités de transition en l'absence de transmission. Nous supposons que ces probabilités ne dépendent ni du temps ni de l'état de la batterie et nous déduisons par (10) et (11) que :

$$\forall l \in \{1, \ldots, m-1\}, \quad \begin{cases} q^j(l-1|l, 0) = \frac{m-1}{T_{max}} \\ q^j(l|l, 0) = 1 - \frac{m-1}{T_{max}} \end{cases} \qquad (12)$$

5 Politique optimale de transmission pour un capteur

A chaque instant de décision t, le capteur j choisit une puissance de transmission p_t^j selon le niveau d'énergie de sa batterie. Notons par $\sigma^j = (p_1^j, \ldots, p_t^j, \ldots)$ la collection des décisions de ce capteur jusqu'à l'instant t. Comme le modèle de décision est Markovien, la décision du capteur dépend uniquement de l'état courant de sa batterie et du canal radio dans son voisinage. Quand seul un capteur est considéré, les interférences sont nulles et l'expression du SINR se réduit à la formule du SNR (Signal to noise ratio) :

$$\text{SINR}_j(\eta_t, p_t) = \text{SNR}_j(\eta_t, p_t) = \frac{p_t^j h_j(w_t, s_{j,t}, c_{j,t})}{N_0} \qquad (13)$$

Le capteur reçoit le gain immédiat $r_t^j(s_{j,t}, p_t^j)$ pour le choix de la puissance de transmission p_t^j à l'instant t dont l'expression est :

$$r_t^j(s_{j,t}, p_t^j) = (1 - \frac{1}{T^j(s_{j,t}, p_t^j)}) \log \left(1 + \frac{p_t^j h^j}{N_0} \right) \qquad (14)$$

5.1 Capteur avec batterie non rechargeable

L'espace des actions $A^j(w_t, s_{j,t})$ étant fini, il existe alors, des politiques de transmission optimales [76]. Ces politiques sont obtenues par le choix à chaque instant de l'action qui maximise l'équation de Bellman suivante :

$$U_t^*(s_{j,t}) = \sup_{p_t^j \in A^j(w_t, s_{j,t})} r_t^j(s_{j,t}, p_t^j) + \sum_{s=s_{j,t}-1}^{s_{j,t}} q^j(s|s_{j,t}, p_t^j) U_{t+1}^*(s)$$

$$\forall s_{j,T_{max}} \in X^j, \ r_{T_{max}}^j(s_{j,T_{max}}) = 0. \qquad (15)$$

Nous affirmons que le problème de contrôle de puissance pour un capteur avec batteries non rechargeables admet des politiques de transmission optimales structurées. Notre recherche de politiques optimales est ainsi réduite aux seules politiques de nature monotone croissante. Considérons les probabilités de transition décrites par l'expression :

$$q^j(s_{j,t}'|s_{j,t}, p_t^j) = \begin{cases} 1 - \frac{p_t^j}{pw(s_{j,t})} & \text{si } p_t^j \neq 0, s_{j,t}' = s_{j,t} \\ \frac{p_t^j}{pw(s_{j,t})} & \text{si } p_t^j \neq 0, s_{j,t}' = s_{j,t} - 1 \\ 1 & \text{si } p_t^j = 0, s_{j,t}' = s_{j,t} = 0 \\ 0 & \text{sinon.} \end{cases} \qquad (16)$$

Où $pw : X^j \mapsto R$ est une fonction croissante de l'état de la batterie qui retourne le niveau d'énergie de la batterie.

Proposition 5.1 *Soit* $Q(k,l,p_t^j) = \sum_{i=k}^{i=m-1} q^j(s_{i,t}|s_{l,t},p_t^j),$

(P1) La récompense immédiate r^j du capteur j ainsi que la fonction $Q(0,l,p_t^j)$

sont superadditives.

(P2) $\forall s_{k,t} \in \mathcal{N}$, Q est croissante sur X^j.

Preuve 1 *Commençons par prouver la propriété (P1).*

Soit $p_t^j, p_t^{'j}$ deux puissances de transmission tel que $p_t^j < p_t^{'j}$:

$$r(s_{l,t}+1,p_t^{'j})+r(s_{l,t},p_t^j)-r(s_{l,t}+1,p_t^j)-r(s_{l,t},p_t^{'j}) = \frac{pw(s_{l,t}+1)-pw(s_{l,t})}{pw(s_{l,t})pw(s_{l,t}+1)}(g(p_t^{'j})-g(p_t^j))$$

Avec $g : p_t^j \mapsto p_t^j \times \log(1+\frac{p_t^j h^j}{N_0})$.

Notons que les fonctions g et pw sont croissantes, et par conséquent : r est superadditive. Aussi, comme $Q(0|l,p_t^j)=1$ est une constante elle est superadditive.

Pour prouver (P2) nous considérons différents cas selon la valeur du paramètre k de $Q(k,l,p_t^j)$.

$k > l+1 : \triangle Q(k,l,p_t^j)=0.$

$k = l+1 :$

$$\triangle Q(k,l,p_t^j) = \sum_{i=k}^{i=m-1} q^j(s_{i,t}|s_{l,t}+1,p_t^j)-q^j(s_{i,t}|s_{l,t},p_t^j)$$
$$= q^j(s_{l,t}+1|s_{l,t}+1) \geq 0.$$

$k = l$: $q^j(s_{l,t}|s_{l,t}, p_t^j)$ est une fonction croissante sur X^j et par conséquent :

$$
\begin{aligned}
\triangle Q(k,l,p_t^j) &= \sum_{i=k}^{i=m-1} q^j(s_{i,t}|s_{l,t}+1, p_t^j) - q^j(s_{i,t}|s_{l,t}, p_t^j) \\
&= q^j(s_{l,t}+1|s_{l,t}+1, p_t^j) + q^j(s_{l,t}|s_{l,t}+1, p_t^j) - q^j(s_{l,t}|s_{l,t}, p_t^j) \\
&\geq q^j(s_{l,t}|s_{l,t}+1, p_t^j) \geq 0.
\end{aligned}
$$

$k \leq l-1$:

$$
\begin{aligned}
\triangle Q(k,l,p_t^j) &= \sum_{i=k}^{i=m-1} q^j(s_{i,t}|s_{l,t}+1, p_t^j) - q^j(s_{i,t}|s_{l,t}, p_t^j) \\
&= 1 - 1 = 0.
\end{aligned}
$$

Comme $\forall p_t^j \in A(w_t, s_{j,t})$, $r_t^j(s_{j,t}, p_t^j)$ (respectivement $r_{T_{max}}^j(s_{j,T_{max}})$) sont des fonctions non croissantes sur $X^j \times A^j(w_t, s_{j,t})$ (respectivement X^j) et que la proposition 5.1 est vérifiée, nous déduisons en vertu du théorème 6.1 qu'une politique de transmission optimale déterministe croissante sur X^j existe pour le MDP défini dans (5).

5.2 Capteur avec batterie rechargeable

Nous considérons les probabilités de transition ayant l'expression :

$$
q^j(s'_{j,t}|s_{j,t}, p_t^j) = \begin{cases}
1 - \frac{p_t^j}{pw(s_{j,t})} - \frac{p_{harvest}}{ind(s_{j,t})} & s'_{j,t} = s_{j,t} \\[2mm]
\frac{p_t^j}{pw(s_{j,t})} - \frac{(ind(s_{j,t})-1)p_{harvest}}{ind(s_{j,t})} & s'_{j,t} = s_{j,t} - 1 \\[2mm]
p_{harvest} & s'_{j,t} = s_{j,t} + 1 \\[2mm]
0 & sinon.
\end{cases}
\tag{17}
$$

avec $ind : X^j \to \mathbb{R}$ une fonction réelle croissante sur X^j. Pour l'état $s_{j,t} = m-1$, nous adoptons la même formule de probabilité que (16). Notre objectif est de trouver la politique optimale pour le MDP escompté à horizon infini, défini dans l'équation (5). L'escompte $\lambda \in]0,1[$ reflète une préférence envers un gain lors des premiers slots par rapport à un gain de valeur identique mais obtenu quelques instants plus tard. Pour trouver la politique optimale de transmission nous transformons le MDP en un programme linéaire [83] que nous résolvons en utilisant la méthode du simplexe [63]. A cet effet, nous choisissons un ensemble de constantes réelles $\{\alpha(s_j)\}_{s_j \in X^j}$ modélisant une distribution de probabilité de l'ensemble d'états de la batterie du capteur j. Cet ensemble respecte la contrainte suivante : $\sum_{s_j \in X^j} \alpha(s_j) = 1$. Le programme linéaire à résoudre est :

$$
\left\{
\begin{array}{l}
\text{Maximiser } \quad \sum_{s_j \in X^j} \sum_{p^j \in A(s_j)} r(s_j, p^j) x(s_j, p^j) \\[2mm]
\text{Sujet à} \\[2mm]
\qquad \sum_{p^j \in A^j(s_j)} x(s'_j, p^j) - \sum_{s_j \in X^j} \sum_{p^j \in A^j(s_j)} \lambda q^j(s'_j | s_j, p^j) x(s_j, p^j) = \alpha(s'_j) \quad (18) \\[2mm]
\qquad \forall s_j \in X^j, \forall p^j \in A^j(s_j), \; x(s_j, p^j) \geq 0 \\[2mm]
\qquad \sum_{s'_j \in X^j} \alpha(s'_j) = 1, 0 < \lambda < 1.
\end{array}
\right.
$$

Après résolution du programme linéaire nous retrouvons la politique optimale de transmission sur la base du critère suivant :

$$
\forall p^j \in A^j(s_j), \sigma^j(s_j) = p^j \Rightarrow \text{ si } x(s_j, p^j) > 0, s_j \in X^j. \quad (19)
$$

5.3 Résultats numériques

Pour analyser les performances du réseau de capteurs sans fil, opérant avec la politique optimale de transmission calculée et communiquée par la station de base, nous avons réalisé diverses simulations dans l'environnement MATLAB [106]. Les capteurs sont équipés de batteries avec une durée de vie maximale de $T_{max} = 50$ slots avec cinq niveaux d'énergie : chargée, élevé, moyen, faible et déchargé. Les états correspondants à ces niveaux sont notés respectivement : 4, 3, 2, 1 et 0. Les panels des puissances de transmission disponible à chaque état de la batterie du capteur sont détaillés dans la TABLE 6 :

Etat de la batterie	Puissances de transmission disponibles (W)
0	$P_1=0$
1	$[P_1,P_2=10,P_3=13,P_4=18]$
2	$[P_1\text{-}P_4,P_5=23,P_6=25,P_7=30,P_8=35]$
3	$[P_1\text{-}P_8,P_9=50,P_{10}=58]$
4	$[P_1\text{-}P_{10},P_{11}=65,P_{12}=75]$

TABLE 6 – Panel des puissances de transmission

Nous utilisons l'induction monotone inverse (voir Annexe A, Algorithme 1) pour obtenir la politique optimale de transmission d'un capteur. La FIGURE 25 montre que cette dernière possède bien une structure monotone (croissante) en l'état de la batterie. Ainsi, le capteur transmettra à puissances élevées quant la batterie est dans un état élevé. De plus, la politique de transmission optimale est aussi croissante en temps. En effet, le capteur a tendance à réduire sa puissance de transmission pour les premiers slots tandis que pour les derniers slots le capteur essaie de maximiser son débit et utilise par conséquent des puissances élevées en dépit de l'impact que cela peut avoir sur le niveau d'énergie de la batterie.

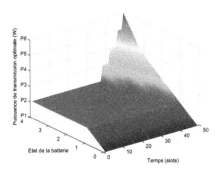

FIGURE 25 – Politique optimale de transmission pour un capteur avec batterie non rechargeable.

Pour évaluer les performances de la politique de transmission optimale notée *OptimP*, nous la comparons avec plusieurs politiques de transmission et analysons les résultats obtenus en terme de durée de vie de la batterie du capteur en question. Les politiques considérées pour l'évaluation sont : l'abstention ($NTRANS$), transmission avec la puissance la plus élevée ($HighP$) en fonction du niveau d'énergie de la batterie et finalement, transmission avec la puissance la plus faible pour la première moitié des slots et avec la puissance la plus élevée pour la seconde moitié ($HybridP$). Nous réalisons des simulations pour différentes valeur de T_{max}. Les politiques $NTRANS$ et $HighP$ correspondent aux durée de vie maximale et minimale de la batterie du capteur et servent de politiques de références à la comparaison.

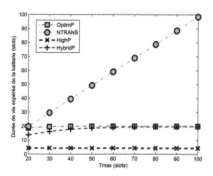

FIGURE 26 – Durée de vie de la batterie pour différentes politiques

La FIGURE 26 représente la durée de vie espérée de la batterie pour les différentes politiques de transmission considérées. Ainsi, la politique de transmission $NTRANS$ engendre une durée de vie linéaire en T_{max} et ce en raison de l'hypothèse formulée dans : l'épuisement de l'énergie est indépendant du niveau d'énergie courant de la batterie ainsi que du temps. La politique $HighP$ génère quand à elle une durée de vie constante. Notons enfin que la politique de transmission optimale permet d'améliorer la durée de vie des batteries par 17,75% par rapport à la politique $HybridP$ pour $T_{max} = 20$ solts. Plus la valeur de T_{max} croit plus les performances de la politique $HybridP$ s'approchent de celles de l'optimale. La

FIGURE 27 schématise le temps de séjour dans les différents états de la batterie pour un horizon d'optimisation $T_{max} = 30$ slots. Nous constatons que les politiques de transmission $NTRANS$ et $HighP$ résultent en un temps de séjour égal pour tous les états de la batterie. La politique optimale et $HybridP$ génèrent des temps d'occupation proportionnels à l'énergie résiduelle de la batterie, le temps de séjour dans les états avec énergie résiduelle élevée est ainsi favorisé.

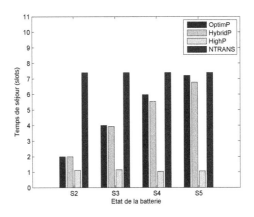

FIGURE 27 – Temps de séjour pour les différentes politiques de transmission.

6 Politique optimale de transmission pour un cluster de capteurs

6.1 Modèle mathématique

Sous l'hypothèse suivante : "chaque capteur utilise une couche MAC de type CDMA avec des codes orthogonaux pour communiquer avec les unités de traitement multimédia et/ou la station de base", les communications des différents capteurs ont lieu sans interférences. Sous cette hypothèse la politique optimale de

transmission d'un capteur σ^{j*} est aussi optimale pour tous les capteurs du réseau et la politique optimale de transmission du réseau de capteurs sans fil est alors :
$\sigma^* = (\sigma^{1*}, \ldots, \sigma^{n*})$.

Pour le cas où les communications des capteurs interfèrent nous reformulons le processus de décision Markovien décrit dans (3) en un nouveau processus $\Omega^+ = \{X, (A(w_t, S_t))_{S_t \in X, w}, R, \mathcal{L}\}$ pour tenir compte de la pluralité des capteurs. Notons respectivement par $\mathbf{X} = \prod_{k=1}^{n} X^k$ et $\mathbf{A} = \prod_{k=1}^{n} A^k$ les espaces d'états et actions du réseau. La probabilité de transition d'un état S_t à un état S_{t+1} pour le profil des puissances de transmission p_t est donnée par la formule :

$$\mathcal{L}(S_{t+1}|S_t, p_t) = \prod_{j=1}^{n} q(s_{j,t+1}|s_{j,t}, p_t^j). \tag{20}$$

Enfin la récompense espérée par chaque capteur est donnée par :

$$r_t^j(s_{j,t}, p_t^j) = \begin{cases} 0 & \text{Si } s_{j,t} = 0 \\ (1 - \frac{1}{T^j(s_{j,t}, p_t^j)}) \times \log\left(1 + \frac{p_t^j h^j}{N_0 + \sum_{k \neq j} p_t^k h^k}\right) & Sinon \end{cases} \tag{21}$$

Nous calculons la récompense immédiate du RCSF comme suit :

$$R(S_t, p_t) = \sum_{j=1}^{n} r(s_{j,t}, p_t^j) \tag{22}$$

6.2   Résultats numériques

Nous reconsidérons le même panel de puissances de transmission détaillé dans la TABLE 6 de la section 5.3 et réalisons des simulations pour le processus de décision Markovien augmenté Ω^+ avec trois capteurs et quatre niveaux d'énergie

$\{0, 1, 2, 3\}$ pour chaque batterie ainsi qu'un horizon $T_{max} = 50$ slots.

Capteurs avec batteries non-rechargeables

La FIGURE 28 représente les performances de la politique optimale de transmission en termes de puissance cumulative reçue à la station de base du RCSF multimédia. Bien que la politique de transmission optimale ne dispose pas d'une structure monotone, comme c'est le cas pour la stratégie optimale d'un seul capteur, la transmission avec des puissances élevées est favorisée pour les états élevés du réseau. De plus, pour un état donné nous constatons que la politique optimale prend valeur dans un ensemble limité de puissances et qu'elle possède une forme trapézoïdale distinguée.

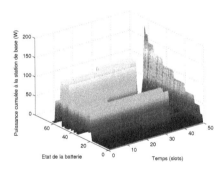

FIGURE 28 – Politique optimale de transmission our un RCSF composé de trois capteurs.

Capteurs avec batteries rechargeables

Nous nous proposons de calculer la politique de transmission optimale d'un capteur j avec gain escompté du facteur $\lambda = 0.6$. Pour cela, nous résolvons le programme linéaire (18) par la méthode du simplexe et l'on obtient la politique suivante :

$$\sigma_j^* = (0 \rightarrow P_0, 1 \rightarrow P_0, 2 \rightarrow P_2, 3 \rightarrow P_3, 4 \rightarrow P_4).$$

La TABLE 7 décrit la politique optimale de transmission pour un cluster de trois capteurs équipés de batteries avec trois niveaux d'énergie résiduelle : $\{0,1,2\}$. Nous considérons que le processus de déchargement/chargement peut s'étaler sur une période infinie et reconsidérons le programme linéaire (18) avec les paramètres du MDP Ω^+.

Etat du réseau	Puissances de transmission (Watt)
$\{000\}$	$\{P_0, P_0, P_0\}$
$\{\{001\}, \{011\}, \{221\}, \{101\}, \{121\}, \{201\}, \{021\}\}$	$\{P_0, P_0, P_2\}$
$\{\{002\}$	$\{P_0, P_0, P_7\}$
$\{\{012\}, \{010\}, \{210\}, \{211\}, \{212\}\}$	$\{P_0, P_2, P_0\}$
$\{\{022\}, \{020\}\}$	$\{P_0, P_7, P_0\}$
$\{\{102\}, \{122\}\}$	$\{P_2, P_0, P_7\}$
$\{\{111\}$	$\{P_2, P_0, P_2\}$
$\{\{112\}, \{110\}\}$	$\{P_2, P_2, P_0\}$
$\{\{120\}, \{100\}\}$	$\{P_3, P_0, P_0\}$
$\{\{222\}, \{220\}, \{202\}, \{200\}\}$	$\{P_7, P_0, P_0\}$

TABLE 7 – Puissances optimales de transmission.

7   Conclusion et perspectives

Dans ce chapitre nous nous sommes intéressés au contrôle de puissance dans les réseaux de capteurs sans fil hiérarchiques multimédia pour les capteurs avec batteries non rechargeables ainsi que pour les capteurs équipés de cellules photovoltaïques. Nous avons modélisé le problème centralisé à l'aide des processus de décision Markovien et inspecté les propriétés structurelles des politiques de transmission optimales. Nous projetons d'améliorer la solution proposée pour le contrôle centralisé des puissances pour tenir compte de la nature ainsi que de l'état du canal de transmission.

Politique optimale de sélection de relais

1 Introduction

Les réseaux de capteur sans fil ont recours à diverses techniques de conservation d'énergie en vue de maximiser leur durée de vie. Ces mécanismes regroupent entre autres, la fusion et l'agrégation de données pour les réseaux à topologie hiérarchique ainsi que la planification de périodes de veille en vue de réduire la consommation d'énergie. Lors des périodes de veille le transceiver du capteur opère dans un mode à très faible consommation d'énergie. Il est à noter que le transceiver n'est pas éteint. En effet, le coût d'activation dans ce cas rendrait marginal la consommation d'énergie réalisée. Cependant, l'introduction de cycles de veille impacte largement la détection des phénomènes physiques supervisés ainsi que le délai et la fiabilité d'acheminement de l'information. Dès lors, il devient impératif d'élaborer des politiques de veille appropriées qui permettrait l'économie de l'énergie mais en contre partie n'impacterait pas le fonctionnement des réseaux. Le travail décrit dans l'article [37] s'inscrit dans cette perspective; une stratégie optimale de planification des périodes de veille pour capteurs avec batteries rechargeables est proposée. Le problème de planification est formulé à l'aide

93

de la théorie des processus de décision Markoviens et des modèles stochastiques de production et de stockage de l'énergie sont considérés.

Nous modélisons l'alternance des cycles de veille et d'activité pour un capteur donné à l'aide d'une chaîne de Markov à deux états : actif et en veille. Cette modélisation a pour effet de baser la décision du capteur de se mettre en veille ou de rester actif sur son état courant et nous semble tout à fait justifiée. En effet, le choix du capteur est dicté par des paramètres qui caractérisent son état actuel comme : son niveau d'énergie résiduelle courant, le fait qu'il ai un paquet à transmettre ou non et non par les états par lesquels il a transité.

Le scénario motivant notre travail est le suivant : un capteur qui détecte le phénomène physique supervisé génère un message d'alarme. Le message d'alarme est transmis de capteur en capteur jusqu'à ce qu'il atteigne sa destination selon un protocole de routage géographique. Chaque capteur qui se trouve sur le chemin du routage de l'alarme fait face à un dilemme : doit-il transmettre le message d'alarme à son voisin actif qui se trouve le plus près de la station de base en ce moment ? ou bien attendre en espérant qu'un autre capteur offrant plus de progression géographique et qui se trouve actuellement en mode veille finisse par devenir actif ? Nous nous intéressons à la politique optimale de transmission d'un message d'alarme quand les capteurs voisins alternent des périodes d'activité et de veille selon un modèle Markovien et que ces périodes sont programmées de manière totalement asynchrone. La politique optimale doit maximiser la progression géographique des messages d'alarme sous contrainte de délai maximal de séjour par capteur visité. Une politique optimale de transmission de messages d'alarme reflète une balance entre le coût d'attente pour que des voisins plus proches de la station de base deviennent actifs et le gain immédiat en terme de progression géographique si le message est transmis immédiatement. Une politique de sélection de relais s'avère ainsi une tâche cruciale afin de conserver l'énergie des capteurs tout en maintenant le réseau dans un état opérationnel.

Diverses propositions pour la sélection optimale de relais de transmission ont été élaborées. Les auteurs de [70] considèrent un problème de transmission d'un message avec un voisinage alternant des périodes d'activité et de veille. La sélection du relais adéquat est formalisée à l'aide de la théorie des problèmes d'arrêt optimal [86] qu'ils associent à un processus de décision Markovien avec contraintes. La stratégie optimale de sélection de relais, en termes de délai moyen par saut avec une contrainte sur la progression géographique réalisée, est prouvée être une politique à seuil pour le modèle simplifié (instants de réveil des capteurs identiquement distribués mais non indépendants). Le précédent travail est généralisé dans [69] par l'introduction de l'incertitude sur le nombre de relais et de la progression géographique qu'ils offrent. La formulation mathématique est revue à travers l'adoption des processus de décision Markovien partiellement observables [98]. Les auteurs de [41] abordent le routage opportuniste par la modélisation analytique du délai de transmission de bout-en-bout en présence de nœuds qui alternent des périodes de veille et d'activité avec des canaux radios non fiables. La formulation à l'aide des processus de décision Markoviens est fournie et les politiques de routage centralisées sont calculées. Une implémentation distribuée basée sur l'échange de paquet Hello pour inférer l'état des voisins (actifs ou en veille) est aussi proposée.

A ces propositions s'ajoutent la technique de "cooperative diversity" [52, 50, 11], où la contribution des nœuds intermédiaires à la transmission des paquets n'est plus considérée comme une interférence, mais plutôt comme une valeur ajoutée et permet de contrer les phénomènes tels que les interférences dûes au routage multi-sauts ou la non fiabilité des canaux de transmission, par exploitation de la diversité géographique des nœuds.

Nous commençons par présenter la problématique traitée et les hypothèses adoptées dans la section 2. Dans la section 3 nous élaborons une formulation mathématique de la transmission géographique de messages d'alarme sporadiques avec capteurs alternant périodes de veille et d'activité selon un modèle Markovien. L'objectif est de trouver la politique optimale de sélection de relais en termes de consommation d'énergie, de progression géographique et de temps de séjour du message d'alarme. Les conditions suffisantes pour l'optimalité des politiques à seuil sont développées pour les régimes de fonctionnement stationnaire et transitoire. Ensuite, nous proposons une heuristique pour le routage multi-sauts qui emploie à chaque saut la politique optimale de sélection de relais élaborée. Les performances des politiques mono et multi-sauts sont détaillées et discutées dans la section 4. Dans la section 5, nous généralisons le modèle mathématique proposé pour supporter le transport de plusieurs messages d'alarme stockés dans les files d'attente des capteurs. Finalement, la section 6 présente la conclusion et les perspectives des travaux réalisés.

2 Problématique

Soit un réseau de capteurs sans fil formé par n capteurs équipés de batteries et déployés dans une zone géographique afin de détecter un phénomène physique donné (déclenchement de feux de forêts, fuite de produits toxiques, intrusion dans une zone sécurisée ...). Les capteurs sont munis de matériel de localisation et sont capables de déterminer et de s'échanger leurs positions géographiques. Ainsi, chaque capteur est en mesure d'identifier ses voisins qui sont plus proche de la station de base et qui pourront servir de relais à la transmission de ses paquets. Tout capteur maintient une liste de deux à quatre capteurs qui serviront de relais

potentiels à ses paquets et dont le choix se fait sur la base de différents critères :
qualité des liaisons sans fil, énergie résiduelle, etc.

Nous limitons notre attention dans un premier temps au cas d'un capteur en
possession d'un seul message d'alarme à transmettre. Nous généraliserons notre
approche ensuite pour tenir compte de la présence de plusieurs messages dans
la file d'attente du capteur. Nous supposons que les hypothèses suivantes sont
respectées :

- La station de base reste fixe en une position géographique connue de l'ensemble des capteurs du réseau.

- Le voisinage des capteurs est identique : composé de m relais dont les dis-
  tances par rapport au capteur courants sont : $\{d_1, \ldots, d_m\}$.

- L'évolution de l'état des capteurs est modélisée par une chaîne de Markov
  à temps discret décrite dans la FIGURE 29. Chaque capteur dispose d'une
  vision instantanée de l'état de ses relais potentiels.

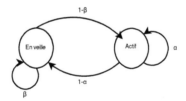

FIGURE 29 – Modèle Makovien des états de capteurs.

- Les capteurs coopèrent pour acheminer les messages d'alarme en adoptant
  un protocole de routage géographique : le message est transmis au voisin
  assurant la plus grande progression géographique vers la station de base.
  Comme le montre l'exemple de la FIGURE 30, si les capteurs B et C sont
  tous deux actifs, le capteur G choisira le premier pour lui transmettre le
  message d'alarme.

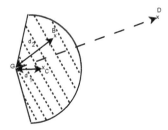

FIGURE 30 – Exemple de sélection de relais.

- Un capteur détenant un message d'alarme à transmettre ne peut se mettre en veille que lorsque ce dernier est transmis.

3 Modèle mathématique

Notre objectif est d'élaborer des politiques optimales de sélection de relais pour réseaux de capteurs sans fil avec périodes de veille et d'activité régis par un modèle Markovien. Ces politiques maximisent la progression géographique du message d'alarme sujet à une contrainte de délai maximal de séjour au niveau des capteurs. Le problème ainsi posé entre dans le cadre de l'optimisation sous contraintes :

$$\begin{cases} \max_\pi \ E^\pi[Z] - \gamma E^\pi[E_n] \\ E^\pi[D] \leq \mu \end{cases} \tag{23}$$

Où, E_n est l'énergie consommée pour la transmission de l'alarme et couvre la consommation associée à l'état actif du capteur ainsi que l'énergie utilisée pour sa transmission. Z dénote la progression géographique dont fait objet le message une fois transmis. Finalement, le paramètre D décrit le temps de séjour de l'alarme au niveau du capteur. Le modèle élaboré étant de nature stochastique, nous manipulons les valeurs espérées ($E^\pi[.]$) de ces différents paramètres pour une politique de sélection de relais π donnée. Comme le message d'alarme doit être tranféré avant une échéance de μ slots après sa réception nous formalisons le problème (23) à l'aide du MDP $\Omega = (\chi, A, P, \upsilon, \mu)$ Où :

- $\chi = \{(x, s) \in X^{(m)} \times \{0, 1\}\}$: est un ensemble fini d'états qui permettent de caractériser un capteur. L'état d'un capteur indique la présence ou non du message d'alarme ainsi que l'état de ses relais potentiels (actifs ou en veille). Ces deux composantes de l'état sont notées respectivement s et x. L'ensemble $X^{(m)}$ qui décrit l'état d'activité des m relais d'un capteur est construit récursivement comme suit :

  - $X^{(0)} = \emptyset, X^{(1)} = \{0, 1\}, X^{(2)} = \{00, 10, 01, 11\}$: $X^{(1)}$ est formé par deux états , 0 pour un relais en veille et 1 pour un relais actif. Quatre états permettent de décrire l'ensemble $X^{(2)}$ pour un voisinage de deux relais.

  - $\forall n \in \mathbb{N}^+$, $X^{(n)} = X^{(n-1)}.\{0\} \cup X^{(n-1)}.\{1\}$: où l'opérateur binaire "." réalise une concaténation de son opérande droite avec l'ensemble sur lequel il est appliqué.

- $A = \{T, NT\}$: représente l'ensemble des actions du capteurs, ce dernier peut transmettre le message d'alarme au relais actif le plus proche de la station de base : action "T" ou bien attendre en espérant que lors des prochains slots, un voisin plus proche finira par devenir actif : action "NT".

- $P : \chi \times A \times \chi \to [0, 1]$: est pour un capteur donné, la probabilité de transition de l'état (x_i, s_i) à l'instant t vers l'état (x_j, s_j) à l'instant $t + 1$. Notons par $\delta_t^{(k)}$ la fonction qui décrit l'état d'activité du relais k à l'instant t.

$$\forall\, k \in \{1, \ldots, m\},\ t \in \{1, \ldots, \mu\} : \delta_t^{(k)} \begin{cases} 1, & \text{relais } k \text{ est actif à l'instant } t \\ 0, & \text{relais } k \text{ est en veille à l'instant } t \end{cases}$$

$$(24)$$

$$\forall \left((x_j, s_j), (x_i, s_i)\right) \in \chi \times \chi, a \in A \ : P((x_j, s_j)|(x_i, s_i), a) =$$

$$
\begin{cases}
\displaystyle\prod_{k=1}^{m}(\beta\mathbf{1}_{(\delta_{t+1}^k=\delta_t^k=0)} + (1-\beta)\mathbf{1}_{(\delta_{t+1}^k=\delta_t^k+1)} \\
\quad +\alpha\mathbf{1}_{(\delta_t^k=\delta_{t+1}^k=0)} + (1-\alpha)\mathbf{1}_{(\delta_t^k=\delta_{t+1}^k+1)}), \quad (s_j = s_i, a = NT \text{ ou } s_j = s_i - 1, a = T) \\
0, \qquad\qquad\qquad\qquad\qquad\qquad\qquad\qquad sinon
\end{cases}
$$

$$(25)$$

Avec $\mathbf{1}_{(.)}$ la fonction indicatrice.

- $v : \chi \times A \to \mathbb{R}$ décrit pour un état donné, le paiement immédiat (gain ou coût) attribué au capteur après qu'il ait choisit de transmettre le message d'alarme ou d'attendre, la valeur du paiement à l'instant μ est nulle. Le capteur doit s'acquitter du coût α_A s'il décide de ne pas transmettre et rester actif pour un slot de plus, tandis qu'il est récompensé avec la progression géographique du message transmis de laquelle le coût de transmission α_T est déduit.

Notons par $f : \chi \to \{0, d_1, \dots, d_m\}$, la fonction croissante qui associe à chaque état de l'ensemble χ, la progression géographique maximale : distance euclidienne au relais actif le plus proche de la station de base. Le paiement est exprimé par :

$$
v((x, s), a) = \begin{cases}
-\alpha_A, & s = 1 \text{ si } a = NT \\
\psi\, f(x) - \alpha_T, & s = 1 \text{ si } a = T \\
0 & sinon
\end{cases}
\qquad (26)
$$

Où le poids ψ indique l'importance attribuée à la progression géographique par rapport à l'énergie nécessaire à sa réalisation.

3.1 Politique optimale de sélection de relais

Soit $\pi^* = (\pi_1^*, \ldots, \pi_\mu^*)$ une politique optimale de sélection de relais, où π_t^* représente la règle de décision optimale à l'instant t qui associe à chaque état du capteur une distribution de probabilité sur l'ensemble de ses actions. Nous introduisons une relation d'ordre totale $\leq$ sur les ensemble χ et $X^{(n)}, n \in \mathbb{N}$. Cette relation est construite récursivement comme suit :

- $0 \leq 1$ et $00 \leq 10 \leq 01 \leq 11$.

- $\forall s \in \{0,1\}, ((x^+, s), (x^-, s)) \in \chi \times \chi : x^+ \leq x^- \Rightarrow (x^+, s) \leq (x^-, s)$.

- $\forall n \in \mathbb{N} : (\max(X^{(n)}.\{0\}), 0) \leq (\min(X^{(n)}.\{1\}), 1)$ où max (respectivement min) représente le maximum (respectivement minimum) relativement à la relation d'ordre $\leq$.

- $\bar{x}$ and $\underline{x}$ sont respectivement le maximum et le minimum de l'ensemble χ.

Les politiques à seuil ont pour avantage d'être simples à implémenter et à calculer. En effet, la recherche d'une politique optimale à seuil (ou plus généralement monotone par rapport à la relation d'ordre définie plus haut) engendre moins de calcul suite à l'élagage des politiques qui ne sont pas à seuil de l'espace de recherche. Nous fournissons dans les sections qui suivent les conditions suffisantes pour l'optimalité des politiques de sélection de relais à seuil pour réseaux de capteurs sans fil.

Régime transitoire

Considérons un capteur avec deux relais, les probabilités de transition pour les actions transmettre et attendre sont résumées dans les tables 8 et 9. La généralisation de la preuve à des voisinages avec un plus grand nombre de relais est directe avec éventuellement un élagage des états qui ne respectent pas les hypothèses de la proposition 3.1.

Etat	$(00,0)$	$(10,0)$	$(01,0)$	$(11,0)$
$(00,1)$	β^2	$(1-\beta)\beta$	$(1-\beta)\beta$	$(1-\beta)^2$
$(10,1)$	$\beta(1-\alpha)$	$\alpha\beta$	$(1-\beta)(1-\alpha)$	$\alpha(1-\beta)$
$(01,1)$	$\beta(1-\alpha)$	$(1-\beta)(1-\alpha)$	$\alpha\beta$	$\alpha(1-\beta)$
$(11,1)$	$(1-\alpha)^2$	$\alpha(1-\alpha)$	$\alpha(1-\alpha)$	α^2

TABLE 8 – Probabilités de transition pour l'action transmettre.

Etat	$(00,1)$	$(10,1)$	$(01,1)$	$(11,1)$
$(00,1)$	β^2	$(1-\beta)\beta$	$(1-\beta)\beta$	$(1-\beta)^2$
$(10,1)$	$\beta(1-\alpha)$	$\alpha\beta$	$(1-\beta)(1-\alpha)$	$\alpha(1-\beta)$
$(01,1)$	$\beta(1-\alpha)$	$(1-\beta)(1-\alpha)$	$\alpha\beta$	$\alpha(1-\beta)$
$(11,1)$	$(1-\alpha)^2$	$\alpha(1-\alpha)$	$\alpha(1-\alpha)$	α^2

TABLE 9 – Probabilités de transition pour l'action attendre.

Proposition 3.1 *Sous l'hypothèse $\alpha \geq 1 - \beta$, il existe des politiques optimales à seuil $\pi_t((x_t, 1))$ pour le MDP Ω.*

Preuve 2

Posons $\forall (k,l) \in \chi, a \in A \ q((k,l)|(x,1),a) = \sum_{(k,l)\in\chi}^{\bar{x}} P((k,l)|(x,1),a)$.

1. *$\forall a \in A, \upsilon((x,1),a)$ est une fonction croissante en $(x,1)$, car $f(x)$ est croissante sur l'ensemble $X^{(m)}$ et que le paiement à l'instant μ est null.*

2. *La fonction de paiement $\upsilon((x,1),a)$ est subadditive sur $\chi \times A$, en effet :*

$$\forall ((x^+,1),(x^-,1)) \in \chi \times \chi : (x^+,1) \geq (x^-,1) \Rightarrow f(x^+) \geq f(x^-)$$
$$\Rightarrow \upsilon(x^+, NT) - \upsilon(x^+, T) \leq \upsilon(x^-, NT) - \upsilon(x^-, T) \tag{27}$$

3. *$\forall (k,l) \in \chi, a \in A : \Delta q((k,l)|(s,1),a) \geq 0$ et par conséquent q est croissante sur χ.*

4. $\forall (k, l) \in \chi : q((k,l)|(x,1), a)$ est subadditive sur $\chi \times A$ car :

$$\forall x \in \{x^-, x^+\} : q((k,l)|(x,1), NT) = q((k,l)|(x,1), T) \Rightarrow$$

$$q((k,l)|(x^+,1), NT) - q((k,l)|(x^+,1), T) \leq q((k,l)|(x^-,1), NT) - q((k,l)|(x^-,1), T) \tag{28}$$

On conclut par le théorème 6.1 que des politiques de sélection de relais monotones décroissantes sur χ existent à valeur dans l'espace ordonné $\{T, NT\}$. Comme l'espace des actions des capteurs est formé par deux instructions qui sont transmettre et ne pas transmettre ces politiques sont aussi à seuil et ont pour structure générale :

$$\forall t \in \{1, \ldots, \mu\}, \; n \in \{2, \ldots, m\}, x_t \in X^{(n)} : \pi_t^*((x_t, 1)) = \begin{cases} NT & , x_t < x_t^* \\ T & , x_t \geq x_t^* \end{cases} \tag{29}$$

Où x_t^* est la valeur du seuil à l'instant t.

Régime stationnaire

Sous l'hypothèse que la génération et la réception du message d'alarme ont lieu suite à une période assez grande, lors de laquelle le changement d'état des capteurs a été réalisé conformément à la chaîne de Markov (FIGURE 29), la distribution des états est régie par la loi stationnaire (ou d'équilibre) de la chaîne. Notons par q et $1 - q$ les probabilités d'équilibre de l'état actif et en veille. Ces probabilités sont obtenues par résolution du système d'équations suivant :

$$\begin{bmatrix} q & 1-q \end{bmatrix} \begin{bmatrix} \alpha & 1-\alpha \\ 1-\beta & \beta \end{bmatrix} = \begin{bmatrix} q & 1-q \end{bmatrix} \tag{30}$$

La probabilité d'équilibre q a pour formule : $\forall \alpha \in [0,1[, \beta \in [0,1[: q = \frac{1-\beta}{2-\alpha-\beta}$

Notons par $(x_t, 1)$ l'état d'un capteur en possession du message d'alarme à l'instant t et par $J^\pi((x_0, 1))$ le paiement global sous la politique de sélection de relais π étant donné que l'état du capteur à l'instant $t = 0$ est $(x_0, 1) \in \chi$, on a :

$$
\begin{aligned}
J^\pi((x_0, 1)) &= E^\pi[\sum_{t=1}^\mu v(x_t, a_t)] \\
&= \sum_{t=1}^\mu E^\pi[v(x_t, a_t)] \\
&= \sum_{t=1}^\mu \sum_{l=1}^m \sum_{a_t \in \{NT,T\}} v(x_t, a_t) Prob(f(x_t) = l, a_t) \\
&= \sum_{t=1}^\mu \sum_{l=1}^m v(x_t, T) Prob(f(x_t) = l, T) + v(x_t, NT) Prob(f(x_t) = l, NT) \\
&= \sum_{t=1}^\mu \sum_{l=1}^m Prob(f(x_t) = l)[v(x_t, T)\pi(T|f(x_t) = l) + v(x_t, NT)\pi(NT|f(x_t) = l)] \\
&= \sum_{t=1}^\mu \sum_{l=1}^m q(1-q)^{m-l}[v(x_t, T)\pi(T|f(x_t) = l) + v(x_t, NT)\pi(NT|f(x_t) = l)] \\
&= \sum_{t=1}^\mu \sum_{l=1}^m q(1-q)^{m-l}[\pi(T|f(x_t) = l)(\psi f(x_t) - \alpha_T + \alpha_A) - \alpha_A] \\
&= \mu \sum_{t=1}^m q(1-q)^{m-l}[(\psi f(x_t) - \alpha_T + \alpha_A)\pi(T|f(x_t) = l) - \alpha_A]
\end{aligned}
\tag{31}
$$

Comme nous cherchons une politique optimale de sélection de relais :

$\pi^*((x_0, 1)) = \arg\max_\pi J^\pi((x_0, 1))$, on déduit que la structure générale de cette dernière est décrite par :

$$
\forall t \in \{1, \ldots, \mu\} : \pi^*((x_t, 1)) =
\begin{cases}
T & , f(x_t) \geq \frac{\alpha_T - \alpha_A}{\psi} \\
NT & , f(x_t) < \frac{\alpha_T - \alpha_A}{\psi}
\end{cases}
\tag{32}
$$

Notons que la politique optimale π^* est bien une politique à seuil et que la valeur de ce seuil est : $\frac{\alpha_T - \alpha_A}{\psi}$.

4 Résultats numériques

Dans cette section nous commençons par calculer les politiques optimales de sélection de relais pour divers scénarios. Ainsi, les figures 31 et 32 représentent les politiques optimales pour un capteur avec trois et quate relais respectivement. Les politiques correspondent aux paramètres $\alpha = 0.7$, $\beta = 0.8$ et une contrainte de durée de séjour maximale $\mu = 10$ slots.

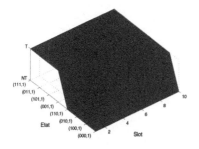

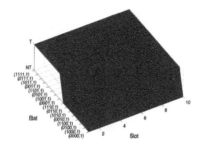

FIGURE 31 – Politique optimale de sélec-   FIGURE 32 – Politique optimale de sélection pour trois relais.   tion pour quatre relais.

Nous remarquons que les politiques sont bien des politiques à seuil ; la valeur

du seuil est pour les capteurs avec trois (respectivement quatre) relais "001" (res-

pectivement "0001") lors des six premiers slots et "010" (respectivement "0010")

pour les trois derniers. En effet, pour les premiers slots le capteur tolère de payer

un coût pour rester actif en espérant que des capteurs plus proches de la station

de base vont devenir actif. A l'approche de l'échéance de transmission de l'alarme

μ, les espérances sont revues à la baisse (en terme de progression géographique)

et la transmission tolérée pour des états offrant une moindre progression que celle

exigée aux premiers slots.

Soit un capteur en possession du message d'alarme avec K relais, le nombre de

relais est varié pour prendre respectivement les valeurs $2, 3$ et 4 avec un modèle

de transition Markovien régi par les probabilités : $\alpha = 0.7$ et $\beta = 0.8$. Nous

comparons la politique de sélection de relais optimale (à seuil) avec les politiques

suivantes :

- π_{ff} qui consiste à transmettre le message d'alarme reçu immédiatement au
  relais actif le plus proche de la station de base.

- π_{mf} où le capteur attend que le relais K assurant la plus grande progression géographique du message d'alarme devienne actif pour le lui transmettre. La comparaison est réalisée sur la base des paiements espérés par le capteur suite à l'adoption de chacune des trois politiques qu'on note respectivement $J^{\pi_{opt}}$, $J^{\pi_{ff}}$ et $J^{\pi_{mf}}$.

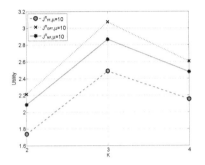
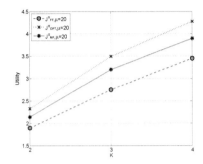

FIGURE 33 – Paiements espérés pour les politiques π_{opt}, π_{ff}, π_{mf} avec $\mu = 10$ slots.

FIGURE 34 – Paiements espérés pour les politiques π_{opt}, π_{ff}, π_{mf} avec $\mu = 20$ slots.

Comme le montrent les figures 33 et 34 le paiement espéré de la politique π_{opt} est supérieur à ceux des politiques π_{ff} et π_{mf}. La politique π_{ff} réalise les plus faibles performances en raison de l'approche gloutonne adoptée. Bien que la politique optimale a été développée pour des scénarios à un seul saut, il est intéressant d'en faire usage dans un contexte multi-sauts. Ainsi, nous proposons non pas une politique optimale de sélection de relais pour routage multi-sauts mais plutôt une heuristique. Dans l'approche heuristique les capteurs qui coopèrent pour relayer le message d'alarme adoptent localement la politique optimale précédemment proposée. Nous étudions l'évolution du nombre de sauts des chemins de routage pour divers nombre de relais et différentes contraintes de séjour par capteur du message d'alarme. Les figures 35 et 36 représentent le nombre de sauts parcourus avant que le message d'alarme n'atteigne la station de base pour les politiques π_{opt}, π_{ff} et π_{mf} respectivement pour des contraintes de séjour maximal de cinque et neuf slots.

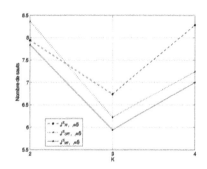 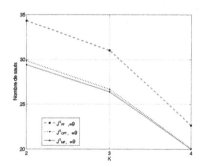

FIGURE 35 – Nombre de sauts avec $\mu =$ 5.   FIGURE 36 – Nombre de sauts avec $\mu =$ 9.

Notons que pour $\mu = 9$ les performances des politiques π_{opt}, π_{mf} sont très proches et fournissent toutes les deux un nombre de sauts inférieur à celui de π_{ff}. C'est aussi le cas pour le scénario avec $\mu = 5$ avec trois et quatre voisins.

5   Modèle généralisé avec files d'attente

Nous avons développé un modèle mathématique pour la sélection optimale de relais en vue de transmettre un message d'alarme unique. Cette formulation bien qu'adéquate pour les réseaux où la génération des messages d'alarme est sporadique ne peut être considérée valide dans le contexte d'une génération fréquente d'alarmes. Nous généralisons donc le modèle précédent pour supporter la transmission de plusieurs messages d'alarme et tenir compte de la présence de files d'attente de capacité limitée au niveau des capteurs. Notons par p la probabilité de déclenchement de l'environnement physique supervisé donnant lieu à la génération d'un message d'alarme. Cette probabilité est considérée constante et nous désirons trouver la politique optimale de sélection de relais qui maximise la progression géographique des messages en attente de service tout en réduisant la consommation d'énergie dûe au maintien des messages dans la file d'attente, de l'activité d'attente et de la transmission. Ce problème est formulé comme un problème de maximisation décrit comme suit :

$$\begin{cases} \max_{\pi} \gamma \, E^{\pi}[Z] - \delta \, E^{\pi}[E_n] \, - \lambda \, E^{\pi}[O_{cc}] \\ E^{\pi}[D] \leq \mu \end{cases} \tag{33}$$

Où le facteur O_{cc} représente le coût de maintien des messages d'alarme au niveau de la file d'attente du capteur sous la politique de sélection de relais π. Aux facteurs optimisés $(Z, E_n, D$ et $O_{cc})$ sont attribués les poids γ, δ, λ. Notons que ces facteurs décrivent une valeur moyenne par message d'alarme reçu. Pour résoudre ce problème d'optimisation nous proposons le MDP $\Omega^+ = (S, A, Q, U, \mu)$ Où :

- $S = \{(x, s) \in X^{(m)} \times \mathbb{N}\}$: Nous étendons l'ensemble χ pour tenir compte de la présence de plusieurs messages d'alarme en attente de transmission.
  - $\forall s \in \mathbb{N}, ((x^+, s), (x^-, s)) \in S \times S : x^- \leq x^+ \Rightarrow (x^-, s) \leq (x^+, s)$.
  - $\forall s \in \mathbb{N}, n \in \{1, \ldots, m\} : (\max(X^{(n)} \cdot \{0\}), s) \leq (\min(X^{(n)} \cdot \{1\}), s+1)$.
  - $\bar{s}$ and $\underline{s}$ représentent le maximum (respectivement) minimum de l'ensemble S.
- $\forall ((x_i, s_i), (x_j, s_j)) \in S \times S, a \in A$ les probabilités de transition Q sont décrites par :

$$Q((x_j, s_i)|(x_i, s_i), a) = \begin{cases} (1-p)P((x_j, s_j)|(x_i, s_i), NT) & , \ a = NT, s_j = s_i \\ p \, P((x_j, s_j)|(x_i, s_i), NT) & , \ a = NT, s_j = s_i + 1 \\ p \, P((x_j, s_j)|(x_i, s_i), T) & , \ a = T, s_j = s_i \\ (1-p)P((x_j, s_j)|(x_i, s_i), T) & , \ a = T, s_j = s_i - 1 \\ 0 & , \ sinon \end{cases} \tag{34}$$

- $U : S \times A \mapsto \mathbb{R}$ la fonction de paiement prend en compte le nombre de messages d'alarme stockés : N et le coût de maintien du message d'alarme :

c. U a pour expression :

$$U((x,s),a) = \begin{cases} -\alpha_A - Nc & , s \neq 0, a = NT \\ -\alpha_T + \psi f(x) + c & , s \neq 0, a = T \\ 0 & , sinon \end{cases} \qquad (35)$$

La FIGURE 37 décrit la politique optimale de sélection de relais pour un capteur avec une file d'attente finie (quatre messages d'alarme) et une contrainte de durée de séjour maximale $\mu = 10$. La politique optimale est obtenue par induction inverse (voir Annexe A , Algorithme 1).

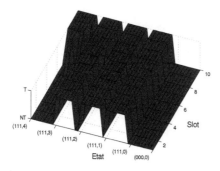

FIGURE 37 – Politique optimale de sélection de relais pour quatre messages d'alarme.

6 Conclusion et perspectives

Dans ce chapitre nous nous sommes intéressés au problème de transmission de messages d'alarme dans un réseau de capteurs sans fil alternant des périodes de veille et d'activité afin de réduire leurs consommations d'énergie. Nous avons considéré des périodes de veille régies par une chaîne de Markov à deux états pour fournir ensuite les conditions suffisantes pour l'optimalité des politiques à seuil.

Les conditions suffisantes sont exprimées en termes des probabilités de transition de la chaîne. Les améliorations futures couvreront les aspects suivants :

- Permettre aux capteurs de fixer leur état de façon déterministe et faire usage de la théorie des jeux pour modéliser les situations conflictuelles qui peuvent émerger. En effet, décider de se mettre en veille est certes utile pour économiser son énergie mais constitue un comportement qui détériore la performance du réseau. Ainsi, les capteurs peuvent introduire un mécanisme de réputation et pénaliser les capteurs qui profitent mais ne contribuent pas aux fonctionnalités du réseau.

- Prendre en compte de la mobilité introduit de nouveaux challenges ; en effet, le nombre de relais devient variable et la progression géographique n'est plus systématiquement assurée par le capteur le plus proche de la station de base.

Conclusion

Les réseaux de capteurs sans fil ont fait l'objet d'une activité de recherche intense en vue d'accélérer leur développement et de promouvoir leur utilisation. Ces recherches couvrent notamment le développement de protocoles de routage spécifiques ainsi que l'optimisation de la consommation d'énergie et visent le prolongement de la durée de vie des réseaux et l'assurance des performances de fonctionnement requises. L'aspect de conservation de l'énergie a pour longtemps motivé les propositions élaborées et a permis entre autres le développement de protocoles de routage sensible à l'énergie. Cependant, le succès de ces réseaux et les avancées technologiques réalisées ont encouragé la réflexion pour élaborer de nouvelles perspectives d'application. Dès lors, il était naturel d'envisager le support de contenus multimédia et temps réel.

Le développement des réseaux de capteurs sans fil multimédia a soulevé de nouvelles problématiques. Comme les données échangées sont composées de flux vidéo, d'images et de séquences audio ; les capacités de calcul limitées des capteurs sont mises à rude épreuve, aussi bien pour des raisons de volume que de nature des données échangées. Au contraintes d'énergie viennent s'ajouter des exigences sévères relatives à la bande passante requise pour la transmission correcte de l'information. Ainsi, il devient impératif de développer des protocoles de routage avec qualité de service adaptés. Aussi, il est primordial de considérer en complément à la consommation énergétique des capteurs et le délai de transmission des données, le facteur de bande passante disponible et d'en faire une répartition équitable.

Nous avons proposé deux contributions aux protocoles de routage QoS sensibles à l'énergie pour réseaux de capteurs sans fil. La première est le protocole réactif QGRP qui exploite les informations de localisation géographique des capteurs pour orienter les flux de données. Ce protocole réalise un contrôle d'admission afin de respecter les exigences en terme de bande passante et prend en considération l'énergie résiduelle des capteurs lors des opérations de routage. Dans la seconde contribution nous avons adapté l'algorithme DGA aux particularités des réseaux de capteurs sans fil pour le développement du protocole hybride QDGRP. Ce dernier combine une composante réactive basée sur la procédure de découverte de chemins du protocole AODV avec l'algorithme DGA adapté. QDGRP permet de garantir des contraintes sur le délai de transmission et l'énergie résiduelle des capteurs. Les concepts promus par QGRP et QDGRP peuvent être intégrés aux protocoles de routage existants en vue d'en améliorer les performances. Nous avons réalisé des simulations pour étudier les performances des protocoles développés avec des scénarios de déploiement réalistes. Les résultats obtenus attestent des performances de ces deux contributions.

Dans un second temps nous nous sommes intéressés à la gestion des ressources énergétiques des capteurs. Nous avons traité le contrôle de puissance pour réseaux de capteurs sans fil hiérarchiques à la fois pour les capteurs avec batteries non rechargeables ainsi que pour les capteurs équipés de cellules photovoltaïques. Nos travaux avaient pour objectif d'élaborer des politiques de transmission qui optimisent la durée de vie des batteries tout en maximisant le débit de transmission de données. Nous avons utilisé la théorie des processus de décision Markoviens pour définir les politiques optimales de transmission et étudier leurs caractéristiques structurelles dans la version centralisée de ce problème.

Enfin ; nous avons étudié l'impact des politiques de veille sur la sélection des relais de transmission de messages. Nous nous sommes intéressés aux réseaux de capteurs sans fil avec alternance asynchrone et Markovienne des périodes de veille et d'activité ainsi qu'aux répercutions que ces politiques peuvent avoir sur les performances des protocoles de routage géographique. Nous avons formalisé le problème de sélection optimale de relais de transmission à l'aide des processus de décision Markoviens. Nous nous sommes intéressés particulièrement aux politiques à seuil et nous avons fourni les conditions suffisantes pour leur optimalité.

Perspectives

Pour analyser les performances des protocoles de routage proposés ainsi que des politiques de sélection de relais et de transmission élaborées nous avons eu recours au simulateur d'évènements discret NS 2.34 et à l'environnement MATLAB. Nous prévoyons de réaliser des implémentations sur des testbeds opérationnels en vue d'apprécier avec exactitude les performances obtenues par simulation.

Enfin, nous comptons étudier l'impact de la mobilité des capteurs sur les protocoles et politiques développés. Cette dernière est le plus souvent traitée comme étant une fatalité face à laquelle il faudra développer des mécanismes de réponse adéquats voire d'anticipation. Nous nous intéressons à la modélisation mathématique de la mobilité et en particulier au développement de techniques pour inférer, à coût nul, les caractéristiques du mouvement à partir des informations à la disposition des capteurs. En effet, avec la mobilité des capteurs les états du voisinage, les liaisons sans fil et du taux de collisions ont tendance à varier. Un modèle approprié permettra de tirer profit de ces informations dont la disponibilité est systématique à travers la couche d'accès au médium et de la couche physique en vue d'estimer les mouvements de ces capteurs.

Annexe A : Rappels mathématiques

Optimisation linéaire

L'optimisation linéaire a pour objectif de minimiser (ou de maximiser) une fonction linéaire que l'on appelle objectif sujet à des contraintes linéaires. Les problèmes d'optimisation sont adaptés pour devenir un programme linéaire en forme standard.

Définition 6.0.1 *Un problème linéaire en forme standard peut être représenté comme suit :*

$$
\begin{cases}
Maximizer \ c^T x \\
Sujet \ à \ \ A.x = b \\
\quad\quad x \geq 0
\end{cases}
\tag{36}
$$

$A \in \mathbb{R}^{m \times n}, b \in \mathbb{R}^m, c, x \in \mathbb{R}^n$. *A tout programme linéaire en forme standard est associé un programme dual exprimé par :*

$$
\begin{cases}
Minimiser \ y^T b \\
Sujet \ à \ \ y^T.A \geq c^T \\
\quad\quad y \geq 0
\end{cases}
\tag{37}
$$

La méthode du simplexe [17] proposée par Dantzig (1947) permet de résoudre les problèmes d'optimisation linéaire. cette méthode est une extension de la méthode Gauss-Jordan pour la résolution des équations linéaires. Pour pouvoir appliquer cette méthode il faut introduire dans le programme standard des variables d'écart et d'excédent non négatives. Ces nouvelles variables permettront de transformer le modèle linéaire de telle sorte que toutes les contraintes deviennent des égalités. L'étape suivante consiste à obtenir une solution de base admissible initiale qui sera modifiée en plusieurs itérations de façon à se rapprocher de l'optimum.

Optimisation non linéaire

L'optimisation non linaire regroupe l'ensemble de méthodes et techniques pour la résolution de problèmes avec objectif ou contraintes non linéaires. La forme générale d'un problème d'optimisation non-linéaire est la suivante :

$$
\begin{cases}
\min_{x \in \mathbb{R}^n} f(x) \\
\text{Sujet à } \ g(x) > 0 \\
\qquad\quad h(x) = 0
\end{cases}
\tag{38}
$$

Où les fonctions f, g et h sont non linéaires. Diverses méthodes pour la résolution de problèmes d'optimisation non linéaire ont été proposées, on peut notamment les classer selon que la méthode exige de connaître :

- le gradient et les dérivées secondes de la fonction à optimiser : méthode de Newton [43].
- le gradient ou les dérivées premières de la fonction à optimiser : méthode du gradient conjugué [71].
- Evaluation de la fonction à optimiser : algorithme de Powell [75].

la nature de la fonction objectif peut simplifier la résolution des problèmes d'optimisation non linéiare, c'est le cas notamment des fonctions objectifs quadratiques et convexes.

Processus de décision stochastiques

Nous nous intéressons aux problèmes de décision stochastiques séquentiels. Un système multi-états réagit aux entrées d'un agent (actions). Ainsi, à chaque instant de décision, l'état du système fournit au décideur toutes les informations nécessaires pour le choix de l'action à entreprendre. Le choix de l'action a lieu dans un panel d'actions qui dépend de l'état courant du système. Suite au choix d'une action, le décideur est récompensé par un gain (ou pénalisé par un coût) et le système évolue potentiellement (selon une distribution de probabilité) à un nouvel état à l'instant de décision suivant. On parle de processus de décision Markovien quant l'évolution du système administré se fait conformément un modèle Markovien.

Chaînes de Markov

Une chaîne de Markov est un processus aléatoire tel que, étant donné les valeurs du processus de l'instant zéro à l'instant courant, la probabilité conditionnelle de la valeur du processus à n'importe quel instant futur dépend uniquement de sa valeur à l'instant courant.

Définition 6.0.2 *Une séquence de variables aléatoire $X_0, X_1, \ldots$ est une chaîne* *de Markov si,*

$$\begin{cases} \forall n \geq, 1 \; P(X_{n+1} = i_{n+1} | X_n = i_n, \ldots, X_1 = i_1) & = & P(X_{n+1} = i_{n+1} | X_n = i_n) \\ \displaystyle\sum_j P(X_{n+1} = j | X_n = i) = 1 \end{cases}$$

$$(39)$$

L'ensemble $\mathcal{S}$ des valeurs possibles des variables aléatoires X_n est équivalent à l'espace des états de la chaîne de Markov associée et les probabilités conditionnelles $P(X_{n+1} = j | X_n = i)$ sont appelées probabilités de transition. Pour les chaîne de Markov avec des probabilités de transition indépendantes du temps, on parle de chaîne stationnaire et on note ces probabilités : $\forall n \geq 1, p_{ij} := P(X_{n+1} = j | X_n = i)$.

Les chaînes de Markov présentent des propriétés ergodiques intéressantes. Sur le long terme on peut désormais parler de la probabilité que la chaîne soit dans un de ses états : distribution stationnaire (ou distribution d'équilibre) sur les états de la chaîne. Notons cette probabilité $\pi = (\pi_1, \pi_2, \ldots, \pi_{|\mathcal{S}|})$ qui n'est autre que la solution du système d'équations :

$$\pi = \pi P \qquad (40)$$

Problèmes de décision Markovien

Un problème de décision Markovien est l'association d'un processus de décision Markovien (MDP) et d'un critère d'optimalité.

Définition 6.0.3 *Un processus de décision Markovien (MDP) est un modèle stochastique composé d'une chaîne de Markov à laquelle on ajoute une composante* *décisionnelle. Un MDP Ω est un quadruplet$\{\mathcal{S}, \mathcal{A}, P, R, \lambda\}$ où :*

- *$\mathcal{S}$: est l'ensemble fini discret des états possibles du système à contrôler*
- *$\mathcal{A}$: est l'ensemble fini discret des actions que l'on peut effectuer pour contrôler le système*
- *$P : S \times A \times S \rightarrow [0, 1]$ est la fonction de transition du système en réaction aux actions de contrôle. Dans le cas général, la fonction P est probabiliste et donne la probabilité que le système passe de l'état s à l'état s′ lorsque l'on choisit d'effectuer l'action a.*
- *$R : S \times A \rightarrow \mathbb{R}$ est la fonction de paiement. Elle indique la valeur réelle obtenue lorsque l'on effectue l'action a dans l'état s.*
- *λ : un escompte qui reflète la préférence d'un décideur de recevoir un gain immédiatement ou de le recevoir en montant identique mais à un instant futur.*

On parle de MDP à temps discret (par opposition aux MDP à temps continu) quant les moments de prises de décision sont un sous-ensemble dénombrable (fini ou infini) de $\mathbb{R}^+$.

Les équations d'optimalité (appelées aussi équations de Bellman) sont un outil fondamental de la théorie de décision Markovienne. En effet, elles permettent entre autres d'inspecter les propriétés structurelles (monotonie) des politiques optimales, de tester l'optimalité d'une politique donnée et enfin de servir de base pour les algorithmes de calcul des politiques optimales. Les équations d'optimalité associées au MDP Ω sont données par :

$$\forall s_t \in \mathcal{S}, \ u_t(s_t) = \max_{a \in \mathcal{A}_{s_t}}\{R(s_t, a) + \sum_{j \in S} P_t(j|s_t, a) \ u_{t+1}(s_t, a, j)\} \qquad (41)$$

u_t est la somme espérée des paiements obtenus à partir de l'instant t.

Critères d'optimalité

Une politique ($\pi = (d_1, d_2, \ldots, d_{N-1})$) indique au décideur l'action à choisir dans tout état futur que le système occupera. Cette dernière se résume à une règle de décision (notée d_t) lorsqu'on la fige à un instant de décision particulier dans le temps. Ainsi, une politique est une séquence de règles de décision. Selon que les règles de décision Markoviennes soient déterministes ($d_t \to \mathcal{A}$) ou randomisées ($d_t \to \Delta(\mathcal{A})$) on parle de politiques Markoviennes déterministes (Π^{MD}) ou Markoviennes randomisées (Π^{MR}).

L'adoption d'une politique donne lieu à une séquence de gains espérés et c'est l'objectif du décideur d'en maximiser une fonction d'agrégation, notamment :

- Gain total espéré : $v(s) = \sum_{t=1}^{N} E^{\pi}[R(s, \pi)]$
- Gain total escompté espéré : $v(s) = \sum_{t=1}^{\infty} E^{\pi}[\lambda^{t-1} R(s, \pi)]$
- Gain moyen espéré : $v(s) = \lim_{T \to \infty} \frac{1}{T} \sum_{t=1}^{T} E^{\pi}[R(s, \pi)]$

Où l'opérateur $E^{\pi}[.]$ désigne l'espérance mathématique selon la politique π.

Conditions suffisantes d'optimalité des politiques structurées

Certaines propriétés structurelles des politiques optimales telle que la monotonie sont très attractives aux décideurs. En effet, elles réduisent la complexité de calcul des politiques optimales (réduction de l'espace de recherche) qui s'avèrent faciles à implémenter. SIgnalons que les concepts de superadditivité et de subadditivité jouent un rôle important dans l'inspection de ces propriétés.

Définition 6.0.4 *Soit X et Y deux ensembles partiellement ordonnés (posets) selon une relation $\geq$ et $f(x,y)$ une fonction à valeur réelle sur $X \times Y$. On dit* que f est superadditive si pour $x^+ \geq x^-$ dans X, $y^+ \geq y^-$ dans Y,

$$f(x^+, y^+) + f(x^-, y^-) \geq f(x^+, y^-) + f(x^-, y^+) \tag{42}$$

Une fonction f est dite subadditive ssi $-f$ est superadditive.

Le théorème 6.1 énumère les conditions suffisantes pour l'optimalité des politiques monotones :

Théorème 6.1 *Soit $\Omega = \{\mathcal{S}, \mathcal{A}, P, R\}$ un processus de décision Markovien. Posons $\forall\, s \in \mathcal{S}$, $q(k|s,a) = \sum_{j=k}^{\infty} P(j|s,a)$ et supposons que $\forall t \in \{1, \ldots, N\}$*

- $\forall a \in \mathcal{A}$, $R_t(s,a)$ est croissante en s.
- $\forall k \in \mathcal{S}$, $a \in \mathcal{A}$, $q_t(k|s,a)$ est croissante en s.
- $R_t(s,a)$ est superadditive (subadditive) sur $\mathcal{S} \times \mathcal{A}$.
- $\forall k \in \mathcal{S}$, $q_t(k|s,a)$ est superadditive (subadditive) sur $\mathcal{S} \times \mathcal{A}$.
- $R_N(s)$ est croissante en s.

Alors il existe des règles de décision optimales qui sont croissantes (décroissantes) sur $\mathcal{S}$ pour $t \in \{1, \ldots, N\}$.

Induction inverse

L'induction inverse offre un outil efficace pour la résolution des processus de décision Markovien en temps discret à horizon fini. L'induction inverse monotone est une variante qui permet de calculer les règles de décision monotones optimales. Une maximisation est réalisée sur l'ensemble des action $\mathcal{A}_s$ qui réduit de cardinalité quand l'état du système croît.

Algorithme 1 Induction inverse

1. Posez $t = N$ et $u_N^* = R_N(s_N)$ $\forall s_N \in \mathcal{S}$.
2. Posez $t = t - 1$ et calculez $u_t^*(s_t)$ $\forall s_t \in S$ par :

$$u_t(s_t) = \max_{a \in \mathcal{A}_{s_t}} \{ R(s_t, a) + \sum_{j \in S} P_t(j|s_t, a) \, u_{t+1}(s_t, j) \}$$

$$\mathcal{A}^*(s_t, t) = \arg \max_{a \in \mathcal{A}_{s_t}} \{ R(s_t, a) + \sum_{j \in S} P_t(j|s_t, a) \, u_{t+1}(s_t, j) \}$$

3. Si t=0 allez en 1 sinon revenir en 2.

Formalisation des MDP à l'aide de la programmation linéaire

Les MDPs escomptés à horizon infini peuvent être résolus à l'aide de la programmation linéaire. La formalisation en programme linéaire du MDP escompté $\Omega = \{\mathcal{S}, \mathcal{A}, P, R, \lambda\}$ est donnée par :

$$
\begin{cases}
\text{Maximizer } \displaystyle\sum_{s \in \mathcal{S}} \sum_{a \in \mathcal{A}_s} R(s, a) x(s, a) \\
\text{Sujet à } \displaystyle\sum_{a \in \mathcal{A}_j} x(j, a) - \sum_{s \in \mathcal{S}} \sum_{a \in \mathcal{A}_s} \lambda P(j|s, a) x(s, a) = \alpha(j), a \in \mathcal{A}_s, s \in \mathcal{S} \\
x(s, a) \geq 0, a \in \mathcal{A}_s, s \in \mathcal{S} \\
\sum_{j \in \mathcal{S}} \alpha(j) = 1
\end{cases}
\tag{43}
$$

Après résolution du programme linéaire on récupère les valeurs $x(s, a)$, les actions optimale pour un état s sont celles pour lesquelles ces valeurs ne sont pas nulles.

Liste des Abréviations

ABE .... Available Bandwidth Estimation

Ack .... Acknowledgment

ACO .... Ant Colony Optimization

AoA .... Angle of Arrival

AODV .... Ad-hoc On-demand Distance Vector

BS .... Base Station

CBR .... Constant Bit Rate

CDMA .... Code Division Multiple Access

CMDP .... Constrained Markov Decision Process

CMOS .... Complementary-symmetry Metal Oxide Semi-
conductor

CPU .... Central Processing Unit

CSMA/CA .... Carrier Sense Multiple Access with Collision Avoidance

CTS .... Clear To Send

DARA .... Distributed Aggregate Routing Algorithm

DCF .... Distributed Coordination Function

DGA .... Distributed Genetic Algorithm

DiffServ .... Differentiated Services

ETX .... Expected Transmission Count

GA .... Genetic Agent

GPS .... Geographic Positioning System

IETF	Internet Engineering Task Force
IntServ	Integrated Services
LABQ	Link Availability Based QoS routing
LIA	Laboratoire d'Informatique d'Avignon
MAC	Medium Access Control
MCP	Multi-Constrained Path
MDP	Markov Decision Process
MEMS	Micro Electro Mechanical Systems
MIS	Mobile Intelligent System
MOGA	Multi-Objective Genetic Algorithm
PCF	Point Coordination Function
PDR	Packet Delivery Ratio
POMDP	Partially-Observable Markov Decision Process
QDGRP	QoS Distributed Genetic Routing Protocol
QGRP	QoS-Geographic Routing Protocol
QoS	Quality of Service
RCSF	Réseau de Capteurs Sans Fil
RERR	Route ERRor
RF	Radio Frequency
RFC	Request For Comment
RREP	Route REPly
RREQ	Route REQuest
RSS	Received Signal Strength
RTS	Request To Send
SAMCRA	Self-Adaptive Multiple Constraints Routing Algorithm
SIME	Systèmes d'Informations Mobiles et Embarqués
SINR	Signal to Interference plus Noise Ratio
SNR	Signal to Noise Ratio

Table des figures

Liste des tableaux

Bibliographie

[1] K. Akkaya and M. Younis. Energy and qos aware routing in wireless sensor networks. *Cluster Computing*, 8(2) :179–188, 2005.

[2] I.F. Akyildiz, T. Melodia, and K.R. Chowdhury. A survey on wireless multimedia sensor networks. *Computer networks*, 51(4) :921–960, 2007.

[3] J.N. Al-Karaki and A.E. Kamal. Routing techniques in wireless sensor networks : a survey. *Wireless Communications, IEEE*, 11(6) :6–28, 2004.

[4] I.T. Almalkawi, M. Guerrero Zapata, J.N. Al-Karaki, and J. Morillo-Pozo. Wireless multimedia sensor networks : Current trends and future directions. *Sensors*, 10(7) :6662–6717, 2010.

[5] B. Ata. Dynamic power control in a wireless static channel subject to a quality-of-service constraint. *Operations research*, 53(5) :842–851, 2005.

[6] H. Baldus, K. Klabunde, and G. Musch. Reliable set-up of medical body-sensor networks. In Holger Karl, Adam Wolisz, and Andreas Willig, editors, *Wireless Sensor Networks*, volume 2920 of *Lecture Notes in Computer Science*, pages 353–363. 2004.

[7] P. Baronti, P. Pillai, V.W.C. Chook, S. Chessa, A. Gotta, and Y.F. Hu.

Wireless sensor networks : A survey on the state of the art and the 802.15. 4 and zigbee standards. *Computer communications*, 30(7) :1655–1695, 2007.

[8] D.P. Bertsekas and R.G. Gallager. Distributed asynchronous bellman-ford algorithm. *Data Networks*, pages 325–333, 1987.

[9] G. Bianchi. Performance analysis of the ieee 802.11 distributed coordination function. *IEEE Journal on Selected Areas in Communications*, 18(3) :535–547, 2000.

[10] S. Blake, D. Black, M. Carlson, E. Davies, Z. Wang, and W. Weiss. An Architecture for Differentiated Services. *IETF RFC 2475*, December 1998.

[11] A. Bletsas, A. Khisti, D.P. Reed, and A. Lippman. A simple cooperative diversity method based on network path selection. *IEEE Journal on Selected Areas in Communications*, 24(3) :659–672, 2006.

[12] Wenyu Cai, Xinyu Jin, Yu Zhang, Kangsheng Chen, and Rui Wang. Aco based qos routing algorithm for wireless sensor networks. In *Ubiquitous Intelligence and Computing*, volume 4159 of *Lecture Notes in Computer Science*, pages 419–428. Springer Berlin / Heidelberg, 2006.

[13] J.F. Chamberland and V.V. Veeravalli. Decentralized dynamic power control for cellular cdma systems. *IEEE Transactions on Wireless Communications*, 2(3) :549–559, 2003.

[14] D. Chen and P. K. Varshney. Qos support in wireless sensor networks : A survey. *Communication*, 13244(0749-503 ; 10) :227–233, 2004.

[15] C. Cheng, R. Riley, S.P.R. Kumar, and J.J. Garcia-Luna-Aceves. A loop-

free extended bellman-ford routing protocol without bouncing effect. *ACM SIGCOMM Computer Communication Review*, 19(4) :224–236, 1989.

[16] J.T. Correll and J. McNaughton. Igloo white. *Air Force Magazine*, 87(11) :56–61, 2004.

[17] G.B. Dantzig, A. Orden, and P. Wolfe. The generalized simplex method for minimizing a linear form under linear inequality restraints. *Pacific Journal of Mathematics*, 5(2) :183–195, 1955.

[18] S. Das, C. Perkins, and E. Royer. Ad hoc on demand distance vector (AODV) routing. *Mobile Ad-hoc Network (MANET) Working Group, IETF*, 2002.

[19] H. De Neve and P. Van Mieghem. Tamcra : a tunable accuracy multiple constraints routing algorithm. *Computer Communications*, 23(7) :667–679, 2000.

[20] R. De Renesse, V. Friderikos, and H. Aghvami. Cross-layer cooperation for accurate admission control decisions in mobile ad hoc networks. *IET Communications*, 1(4) :577–586, 2007.

[21] M. Dorigo and G. Di Caro. Ant colony optimization : a new meta-heuristic. In *Proceedings of the 1999 Congress on Evolutionary Computation (CEC 99)*, volume 2, 1999.

[22] R. El-Azouzi, R. El-Khoury, A. Kobbane, and E. Sabir. On extending coverage of umts networks using an ad-hoc network with weighted fair queueing. *NETWORKING 2008 Ad Hoc and Sensor Networks, Wireless Networks, Next Generation Internet*, pages 135–148, 2008.

[23] M. Fallgren. On the complexity of maximizing the minimum shannon capacity in wireless networks by joint channel assignment and power allocation. In *18th IEEE International Workshop on Quality of Service (IWQoS 2010)*, pages 1–7, Beijing, China, Jun 2010.

[24] M. Farooq. A comprehensive survey of nature-inspired routing protocols. In *Bee-Inspired Protocol Engineering*, Natural Computing Series, pages 19–52. Springer Berlin Heidelberg, 2009.

[25] M. Farooq and G. A. Di Caro. Routing protocols for next-generation networks inspired by collective behaviors of insect societies : An overview. In *Swarm Intelligence*, Natural Computing Series, pages 101–160. Springer Berlin Heidelberg, 2008.

[26] E. Felemban, C.G. Lee, and E. Ekici. MMSPEED : Multipath multi-SPEED protocol for QoS guarantee of reliability and timeliness in wireless sensor networks. *IEEE Transactions on Mobile Computing*, 5(6) :738–754, 2006.

[27] K.R. Fowler. The future of sensors and sensor networks survey results projecting the next 5 years. In *Proc. Sensors Applications Symposium, 2009 (SAS 2009)*, pages 1–6, New Orleans, LA, USA, Feb 2009.

[28] WS Goodridge, W. Robertson, B. Phillips, and S. Sivakumar. Comparing a novel qos routing algorithm to standard pruning techniques used in qos routing algorithms. In *Electrical and Computer Engineering, 2004. Canadian Conference on*, volume 2, pages 805–808, 2004.

[29] S. Hadim and N. Mohamed. Middleware : Middleware challenges and approaches for wireless sensor networks. *IEEE Distributed Systems Online*, 7(3), 2006.

[30] T. He, J.A. Stankovic, C. Lu, and T. Abdelzaher. SPEED : A stateless protocol for real-time communication in sensor networks. In *23rd International Conference on Distributed Computing Systems*, pages 46–55, 2003.

[31] W.B. Heinzelman. *Application-specific protocol architectures for wireless networks*. PhD thesis, Massachusetts Institute of Technology, 2000.

[32] R. Holman, J. Stanley, and T. Ozkan-Haller. Applying video sensor networks to nearshore environment monitoring. *IEEE Pervasive Computing*, 2(4) :14–21, 2003.

[33] A.T. Ihler, J.W. Fisher III, R.L. Moses, and A.S. Willsky. Nonparametric belief propagation for self-localization of sensor networks. *IEEE Journal on Selected Areas in Communications*, 23(4) :809–819, 2005.

[34] J.M. Jaffe. Algorithms for finding paths with multiple constraints. *Networks*, 14(1) :95–116, 1984.

[35] D.S. Johnson and M.R. Garey. Computers and intractability : A guide to the theory of np-completeness. *Freeman&Co, San Francisco*, 1979.

[36] A. Johnsson, B. Melander, and M. Björkman. Bandwidth measurement in wireless networks. *Challenges in Ad Hoc Networking*, pages 89–98, 2006.

[37] V. Joseph, V. Sharma, and U. Mukherji. Optimal sleep-wake policies for an energy harvesting sensor node. In *IEEE International Conference on Communications (ICC'09).*, pages 1–6, 2009.

[38] A. Kansal, J. Hsu, S. Zahedi, and M.B. Srivastava. Power management in energy harvesting sensor networks. *ACM Transactions on Embedded Computing Systems (TECS)*, 6(4) :32, 2007.

[39] A. Kansal and M.B. Srivastava. An environmental energy harvesting framework for sensor networks. In *Proceedings of the 2003 international symposium on Low power electronics and design*, pages 481–486, 2003.

[40] M. Khan, H. Tembine, and A. Vasilakos. Game dynamics and cost of learning in heterogeneous 4g networks. *IEEE Journal on Selected Areas in Communications*, 30(1) :198–213, January 2012.

[41] Dongsook Kim and Mingyan Liu. Optimal stochastic routing in low duty-cycled wireless sensor networks. In *Proceedings of the 4th annual international conference on wireless internet*, WICON '08, pages 56 :1–56 :9, ICST, Brussels, Belgium, Belgium, 2008.

[42] A. Kobbane, M.A. Koulali, H. Tembine, M. Elkoutbi, and J. Ben-othman. Dynamic Power Control with Energy Constraint for Multimedia Wireless Sensor Networks. In *IEEE International Conference on Communications (ICC'2012)*, pages 761–765, OTTAWA, CANADA, Jun 2012.

[43] N. Kollerstrom. Thomas simpson and newton's method of approximation : an enduring myth. *British Journal for the History of Science*, 25(3) :347–354, 1992.

[44] T. Korkmaz and M. Krunz. Multi-constrained optimal path selection. In *Twentieth Annual Joint Conference of the IEEE Computer and Communications Societies INFOCOM 2001*, volume 2, pages 834–843, 2001.

[45] M.A. Koulali, M. El Koutbi, A. Kobbane, and M. Azizi. QGRP : A novel QoS-Geographic Routing Protocol for Multimedia Wireless Sensor Networks. *International Journal of Computer Science Issues*, 8 :51–66, 2011.

[46] M.A. Koulali, M. Elkoutbi, and M. Azizi. A QoS Routing Protocol for Wireless Sensor Networks With Mobile Base Station. In *the IADIS International Conference on Informatics*, pages 27–34, 2010.

[47] M.A. Koulali, A. Kobbane, M. Elkoutbi, and M. Azizi. A QoS-geographic and energy aware routing protocol for Wireless Sensor Networks. In *2010 5th International Symposium on I/V Communications and Mobile Network (ISVC)*, pages 1–4, 2010.

[48] M.A. Koulali, A. Kobbane, M. Elkoutbi, and M. Azizi. A Hybrid QoS Distributed Genetic Routing Protocol for Wireless Sensor Networks. In *the 3rd International Conference on Multimedia Computing and Systems (ICMCS'12)*, pages 1–6, TANGIER, MOROCCO, 2012.

[49] M.A. Koulali, A. Kobbane, H. Tembine, M. Elkoutbi, and J. Ben-othman. Dynamic Power Control for Energy Harvesting Wireless Multimedia Sensor Networks. *EURASIP Journal on Wireless Communications and Networking*, 2012(158) :1–8, 2012.

[50] G. Kramer, M. Gastpar, and P. Gupta. Cooperative strategies and capacity theorems for relay networks. *IEEE Transactions on Information Theory*, 51(9) :3037–3063, 2005.

[51] R.V. Kulkarni, A. Forster, and G.K. Venayagamoorthy. Computational intelligence in wireless sensor networks : A survey. *IEEE Communications Surveys & Tutorials*, 13(1) :68–96, 2011.

[52] J.N. Laneman, D.N.C. Tse, and G.W. Wornell. Cooperative diversity in wireless networks : Efficient protocols and outage behavior. *IEEE Transactions on Information Theory*, 50(12) :3062–3080, 2004.

[53] K. Langendoen and N. Reijers. Distributed localization in wireless sensor networks : a quantitative comparison. *Computer Networks*, 43(4) :499–518, 2003.

[54] I. Lee, W. Shaw, and X. Fan. Wireless multimedia sensor networks. pages 561–582. Springer-Verlag, 2009.

[55] U. Lee, B. Zhou, M. Gerla, E. Magistretti, P. Bellavista, and A. Corradi. Mobeyes : smart mobs for urban monitoring with a vehicular sensor network. *IEEE Wireless Communications*, 13(5) :52–57, 2006.

[56] F.Y. Li, M. Haugea, A. Hafslund, O. Kure, and P. Spilling. Estimating residual bandwidth in 802.11-based ad hoc networks : an empirical approach. In *The Seventh International Symposium on Wireless Personal Multimedia Communications (WPMC 2004), Abano Terme, Italy*, 2004.

[57] S. Liang, A.N. Zincir-Heywood, and M.I. Heywood. Intelligent packets for dynamic network routing using distributed genetic algorithm. In *Proceedings of Genetic and Evolutionary Computation Conference*, 2002.

[58] S. Liang, AN Zincir-Heywood, and M.I. Heywood. Adding more intelligence to the network routing problem : Antnet and ga-agents. *Applied Soft Computing*, 6(3) :244–257, 2006.

[59] K. Lorincz, D.J. Malan, T.R.F. Fulford-Jones, A. Nawoj, A. Clavel, V. Shnayder, G. Mainland, M. Welsh, and S. Moulton. Sensor networks for emergency response : Challenges and opportunities. *IEEE Pervasive Computing*, 3(4) :16–23, 2004.

[60] A. Mahapatra, K. Anand, and D.P. Agrawal. Qos and energy aware routing

for real-time traffic in wireless sensor networks. *Computer Communications*, 29(4) :437–445, 2006.

[61] A. Manjeshwar and D.P. Agrawal. TEEN : a routing protocol for enhanced efficiency in wireless sensor networks. In *Proceedings of 15th International Parallel and Distributed Processing Symposium*, pages 2009–2015, 2001.

[62] A. Manjeshwar and DP Agrawal. APTEEN : a hybrid protocol for efficient routing and comprehensive information retrieval in wireless sensor networks. In *Proceedings of International Parallel and Distributed Processing Symposium (IPDPS 2002)*, pages 195–202, 2002.

[63] I. Maros. *Computational techniques of the simplex method*, volume 61. Springer, 2003.

[64] K. Martinez, J.K. Hart, and R. Ong. Environmental sensor networks. *Computer*, 37(8) :50–56, 2004.

[65] X. Masip-Bruin, M. Yannuzzi, J. Domingo-Pascual, A. Fonte, M. Curado, E. Monteiro, F. Kuipers, P. Van Mieghem, S. Avallone, G. Ventre, et al. Research challenges in qos routing. *Computer communications*, 29(5) :563–581, 2006.

[66] M. Meisel, V. Pappas, and L. Zhang. A taxonomy of biologically inspired research in computer networking. *Computer Networks*, 54(6) :901–916, 2010.

[67] A. Milenkovic, C. Otto, and E. Jovanov. Wireless sensor networks for personal health monitoring : Issues and an implementation. *Computer communications*, 29(13-14) :2521–2533, 2006.

[68] L. Nachman, R. Kling, R. Adler, J. Huang, and V. Hummel. The intel® mote platform : a bluetooth-based sensor network for industrial monitoring. In *The 4th international symposium on Information processing in sensor networks*, pages 437–442, 2005.

[69] K. P. Naveen and Anurag Kumar. Relay Selection with Partial Information in Wireless Sensor Networks. *CoRR*, abs/1101.3835 :1–43, 2011.

[70] KP Naveen and A. Kumar. Tunable locally-optimal geographical forwarding in wireless sensor networks with sleep-wake cycling nodes. In *INFOCOM, 2010 Proceedings IEEE*, pages 1–9. IEEE, 2010.

[71] J. Nocedal. Conjugate gradient methods and nonlinear optimization. *Linear and Nonlinear Conjugate Gradient-Related Methods*, pages 9–23, 1996.

[72] C. Park and P.H. Chou. Ambimax : Autonomous energy harvesting platform for multi-supply wireless sensor nodes. In *3rd Annual IEEE Communications Society on Sensor and Ad Hoc Communications and Networks*, volume 1, pages 168–177, 2006.

[73] N. Patwari, J.N. Ash, S. Kyperountas, A.O. Hero III, R.L. Moses, and N.S. Correal. Locating the nodes : cooperative localization in wireless sensor networks. *IEEE Signal Processing Magazine*, 22(4) :54–69, 2005.

[74] Charles Perkins and Pravin Bhagwat. Highly dynamic destination-sequenced distance-vector routing (dsdv) for mobile computers. In *ACM SIGCOMM'94 Conference*, pages 234–244, 1994.

[75] M. Powell. A fast algorithm for nonlinearly constrained optimization calculations. *Numerical analysis*, pages 144–157, 1978.

[76] M.L. Puterman. *Markov decision processes : discrete stochastic dynamic programming*. John Wiley & Sons, Inc., 1994.

[77] V. Raghunathan, A. Kansal, J. Hsu, J. Friedman, and M. Srivastava. Design considerations for solar energy harvesting wireless embedded systems. In *The 4th international symposium on Information processing in sensor networks*, pages 457–462, 2005.

[78] R. Rajagopalan, C.K. Mohan, P. Varshney, and K. Mehrotra. Multi-objective mobile agent routing in wireless sensor networks. In *The 2005 IEEE Congress on Evolutionary Computation*, volume 2, pages 1730–1737, 2005.

[79] A. Razzaque, M.M. Alam, M. Or-Rashid, and C.S. Hong. Multi-constrained QoS geographic routing for heterogeneous traffic in sensor networks. In *Proceedings of 5th IEEE Consumer Communications and Networking Conference*, pages 157–162, 2008.

[80] C. Sarr, C. Chaudet, G. Chelius, and I.G. Lassous. Bandwidth estimation for ieee 802.11-based ad hoc networks. *IEEE Transactions on Mobile Computing*, 7(10) :1228–1241, 2008.

[81] H. Sawant, J. Tan, Q. Yang, and Q. Wang. Using bluetooth and sensor networks for intelligent transportation systems. In *The 7th International IEEE Conference on Intelligent Transportation Systems*, pages 767–772, 2004.

[82] Navrati Saxena, Abhishek Roy, and Jitae Shin. A multi-objective genetic algorithmic approach for qos-based energy-efficient sensor routing protocol. In *Managing Next Generation Networks and Services*, volume 4773 of *Lecture*

Notes in Computer Science, pages 523–526. Springer Berlin / Heidelberg, 2007.

[83] A. Schrijver. *Theory of linear and integer programming*. John Wiley & Sons, Inc., New York, NY, USA, 1986.

[84] M. Schwartz and T. Stern. Routing techniques used in computer communication networks. *IEEE Transactions on Communications*, 28(4) :539–552, 1980.

[85] W.K.G. Seah, Z.A. Eu, and H.P. Tan. Wireless sensor networks powered by ambient energy harvesting (wsn-heap)-survey and challenges. In *Proc. 1st International Conference on Wireless Communication, Vehicular Technology, Information Theory and Aerospace & Electronic Systems Technology, 2009. Wireless VITAE 2009.*, pages 1–5, Aalborg, Danemark, May 2009.

[86] A.N. Shiryaev. *Optimal stopping rules*. Springer-Verlag Berlin Heidelberg, 1978.

[87] K. Sohrabi, J. Gao, V. Ailawadhi, and G.J. Pottie. Protocols for self-organization of a wireless sensor network. *IEEE Personal Communications*, 7(5) :16–27, 2000.

[88] S. Sudevalayam and P. Kulkarni. Energy harvesting sensor nodes : Survey and implications. *IEEE Communications Surveys & Tutorials*, PP(99) :1–19, 2010.

[89] R. Szewczyk, E. Osterweil, J. Polastre, M. Hamilton, A. Mainwaring, and D. Estrin. Habitat monitoring with sensor networks. *Communications of the ACM*, 47(6) :34–40, 2004.

[90] H. Tembine. Distributed strategic learning for wireless engineers. *Lecture notes*, 2010.

[91] H. Tembine, A. Kobbane, and M. El Koutbi. Robust power allocation games under channel uncertainty and time delays. In *Wireless Days (WD) (2010 IFIP)*, pages 1–5, Venice, Italy, Oct 2010.

[92] P. Van Mieghem and F.A. Kuipers. Concepts of exact qos routing algorithms. *IEEE/ACM Transactions on Networking*, 12(5) :851–864, 2004.

[93] J. Van Staaveren. *Interdiction in Southern Laos, 1960-1968 : The United States Air Force in Southeast Asia*. Center for Air Force History, 1993.

[94] H. Wang, N.B. Mandayam, et al. Dynamic power control under energy and delay constraints. In *Proc. Global Telecommunications Conference, 2001 (GLOBECOM '01)*, pages 1287–1291, San Antonio, TX, USA, Nov 2001.

[95] Z. Wang and J. Crowcroft. Quality-of-service routing for supporting multimedia applications. *IEEE Journal on Selected Areas in Communications*, 14(7) :1228–1234, 1996.

[96] H.F. Wedde and M. Farooq. A comprehensive review of nature inspired routing algorithms for fixed telecommunication networks. *Journal of Systems Architecture*, 52(8-9) :461–484, 2006.

[97] D.J. White. *Markov Decision Process*. John Wiley & Sons, Inc., 1993.

[98] D.J. White. *Markov Decision Process*. John Wiley & Sons, Inc., 1993.

[99] J. Wroclawski. The use of rsvp with ietf integrated services. *IETF RFC 2210*, September 1997.

[100] Q. Wu, N.S.V. Rao, J. Barhen, SS Iyenger, V.K. Vaishnavi, H. Qi, and K. Chakrabarty. On computing mobile agent routes for data fusion in distributed sensor networks. *IEEE Transactions on Knowledge and Data Engineering*, 16(6) :740–753, 2004.

[101] Y. Yang, J.C. Hou, and L.C. Kung. Modeling the effect of transmit power and physical carrier sense in multi-hop wireless networks. In *26th IEEE International Conference on Computer Communications INFOCOM 2007*, pages 2331–2335, 2007.

[102] M. Yu, A. Malvankar, W. Su, and S.Y. Foo. A link availability-based qos-aware routing protocol for mobile ad hoc sensor networks. *Computer Communications*, 30(18) :3823–3831, 2007.

[103] Xi-huang Zhang and Wen-bo Xu. Qos based routing in wireless sensor network with particle swarm optimization. In *Agent Computing and Multi-Agent Systems*, volume 4088 of *Lecture Notes in Computer Science*, pages 602–607. Springer Berlin / Heidelberg, 2006.

Webographie

[104] Crossbow Technology Inc., http ://www.xbow.com/

[105] Waspmote, http ://www.libelium.com.

[106] mathworks, http ://www.mathworks.com/.

[107] The Network Simulator NS-2, http ://www.isi.edu/nsnam/ns/.

www.ingramcontent.com/pod-product-compliance
Lightning Source LLC
LaVergne TN
LVHW042336060326
832902LV00006B/206